茶韵经典·典藏精品

白金珍藏版

中华国饮事典

茶苑

Zhonghua Guoyin Shidian Chayuan

茶之美

◎主编 黄小勇

◎本册主编 李菲 黄文哲

◎本册副主编 徐莉婷 蔡筱薇

武汉大学出版社
WUHAN UNIVERSITY PRESS

图书在版编目（CIP）数据

中华国饮事典·茶苑·茶之类/黄小勇主编．—武汉：武汉大学出版社，2015.8

ISBN 978-7-307-15810-8

Ⅰ．中…　Ⅱ．黄…　Ⅲ．茶叶—文化—中国　Ⅳ．TS971

中国版本图书馆 CIP 数据核字（2015）第 103140 号

责任编辑：余　梦　　责任校对：黄孝莉　　装帧设计：吴　极

出版发行：**武汉大学出版社**（430072　武昌　珞珈山）

（电子邮件：whu_publish@163.com　网址：www.stmpress.cn）

印刷：武汉市金港彩印有限公司

开本：720×1000　1/16　印张：10.25　字数：130 千字

版次：2015 年 8 月第 1 版　　2015 年 8 月第 1 次印刷

ISBN 978-7-307-15810-8　　定价：1280.00 元（全套七册，精装）

总序

茶第一次给我留下深刻的印象，要追溯到30年前的那个春天。我到与学校相邻的城市杭州游玩，无意中走到了著名的龙井大队。恰好赶上春茶上市的日子，村边小路的两侧，密密麻麻地摆满了茶农自家生产的龙井茶，蜿蜒曲折的茶叶阵蔓延数公里。当时的集市十分简陋，一家一个箩筐，箩筐上面放一个大大的簸箕，簸箕上堆满了茶叶。每个农家都在簸箕的一角放一个大大的玻璃杯，里面泡的都是自家预售的茶叶。放眼望去，处处都是新茶的嫩绿，柔柔的嫩叶舒展在杯中，缕缕热气从杯中袅袅升起，与早春时节山中的薄雾相映成趣，满眼的嫩绿和不时吸入鼻中那若有若无的茶香味融合在一起，眼前一片春意盎然的景象。一时间，人竟有些恍惚，有一种飘飘然、如临仙境的感觉。我定了定神，沿着小道走了下去，最后，在一个自认为最好的茶叶摊前停下脚步。在茶主的盛情邀请下，我端起玻璃杯，大大地喝了一口（请原谅，当时的我真的不知道茶是要慢慢去品的），也许是我喝得太快，茶水入口时并没有什么特别的感觉。而当茶水被咽下去后，令人震惊的事情发生了，只觉得一股清新之气在口腔中盘旋，直冲鼻腔，好像真的是七窍都要通了一般。不知道古人的“六碗通仙灵”是不是描述我当时的感受，但可以肯定的是我在喝第一口时就有了“通仙灵”的感觉。当我鼓起勇气询问茶叶的价格，希望买上一点回去品尝的时候，摊主平静的回答，让我震惊了，他告诉我“200元一斤”。当时正在上大学的我，一个月的生活费也就只有30元左右！一斤茶叶居然要花费我半年的生活费！说实话，当时的我对茶叶并没有太多的认识，只知道它是一种可以泡来喝的饮料，大多是闲人们打发时间的饮品。看到我震惊的样子，摊主笑着给我讲起了龙井茶的故事。从茶农的口中我第一次听到了“虎跑泉水龙井茶”的传说，也第一次知道了茶叶的采摘是有时间要求的，不同的采摘时间和加工方法会给茶叶的品质带来巨大的影响。好的茶叶因为有极为苛刻的采摘和加工要求，产量十分有限，所以价格昂贵。当然也有品质一般的茶叶，只需要几块钱一斤。

真正让我对茶产生兴趣是在大学最后一年的夏天。那年中国航空公司宣布寒暑假期间可以对在校大学生出售半价飞机票，但前提条件是只在每天下午 3 点钟以后出售未卖完的第二天的机票。为了买到一张半价机票，几乎有一周的时间我每天下午都要从浦东跑到我预乘航班航空公司的售票大厅排队等票。上海的 7 月极为闷热潮湿，在正午的烈日下奔跑是极耗体力的。终于有一天我有些扛不住了，整个人都感觉到发虚发飘，口腔中不时有口水不受控制地涌出来，我知道自己要中暑了。误打误撞中跑进了城隍庙里的豫园茶楼，现在也记不清当时是为什么点了一壶龙井茶。几杯茶下去，中暑的感觉彻底消失了，虽然没有“两腋清风生”，但也有了几分神清气爽的感觉。原来这不起眼的茶叶居然有如此惊人的功效！从那时起，我对茶叶的兴趣便一发不可收拾，开始了对中华茶文化真正意义上的收集和研究。

几乎每一个中国人都知道“开门七件事，柴米油盐酱醋茶”，它反映了茶作为生活必需品在中国人日常生活中的重要地位。客来敬茶，是中国人待人接物的基本礼节。茶间话家常，其乐融融。随着中国社会的发展，茶作为一种文化载体，在保持其自然属性的同时，也引起了人们的关注，带领人们回归自然，予人以精神寄托。中国文人强调“人生八雅”“琴棋书画诗酒花茶”。中华茶文化源远流长，博大精深，为中华民族之国粹。从开门七件事的“茶”，到人生八雅的“茶”，从物质的茶到精神的茶，中华茶文化的发展经历了漫长的孕育期，在汲取了大量的中华民族传统文化精华的基础上，与时代的政治、经济、文化及人们的日常生活产生了完美的融合，并由此开始了其自身的形成与发展历程。

纵观我国茶文化的历史，中华茶文化的发展大致经历了以下几个阶段。

一、茶文化的孕育期

上古的黄帝时代，中华历史上发生了一个重大变化——文字的发明，这标志着中华历史迈进了文明的时代。文字发明以前，人们一般以实物记事。从传说和民族学的资料来看，上古记事的主要办法为结绳和刻契。而结绳应用于神农氏以前，至黄帝时代，随着经济、文化、生活的快速进步，结绳记事已无法在使用范围和速度上完全满足人类传递信息的需要了，古人通过兽蹄鸟迹的规律，发明了文字，便于交流。由于文字的发明，中华历史发展中的优秀文化得以传承。中华茶文化的记载便是从此时开始的。

相传在上古的黄帝时代，神农氏尝百草并写下了记载各种草石功效的《神农本草》，又名《神农本草经》，它是我国现存最早的药学专著。《神农本草》里记载，现今的四川益州是最早的茶区之一，采摘在农历的三月初三进行。这说明茶叶在此时已被视为药饮在民间流行。中国最早的诗歌总集《诗经》收集了从西周初期至春秋中叶大约500年间的诗歌305篇，其中提到“荼”字的地方就有近十处。这里的“荼”字也许并不全部指我们现在意义上的“茶”，但其中诸如“谁谓荼苦，有甘如荠”“采荼薪樗，食我农夫”等的描述，则被学者们公认为是关于茶事的最早记载。春秋时期婴相齐景公时（公元前547—公元前490年），有记载表明人们吃脱去谷皮的粗粮饭，烤食三种禽鸟和牛、猪、狗、鸡、羊的卵部，最后“茗茶而已”，表明茶叶已作为菜肴汤料，供人食用。三国时期魏张揖著《广雅》中有“荆巴间采茶作饼，叶老者饼成，以米膏出之。欲煮茗饮，先炙令赤色，捣末置瓷器中，以汤浇覆之，用葱、姜、橘芼之”的记载，这是目前发现的最早的关于茶饼制作和泡茶方法的描述。

不难看出，这一阶段茶在生活中扮演着药饮、汤饮的角色，还仅仅局限于茶的物质属性方面。

二、晋代、南北朝茶文化的萌芽

魏晋南北朝时期，奢靡之风盛行。而茶饮具有清新、雅逸的天然特性，于是，宫廷贵族“以茶代酒”倡朴示廉，市井百姓“以茶代水”提神醒脑，文人雅士“以茶会友”品茗寄情，佛门僧侣“以茶合禅”静虑悟道。茶的精神意味得到了人们的认同，茶不仅作为一种饮品被人们接受，而且作为一种精神得到传播。

魏晋时期饮茶的地域特征明显，主要集中在长江流域，先秦两汉是在巴蜀之地发祥，三国西晋在长江中游和华中地区，东晋和南朝则在长江下游和华南。据晋常璩《华阳国志·巴志》记载：约公元前1000年周武王伐纣时，当时的巴国已有了人工茶园，所产的茶叶被作为“纳贡”珍品献给周王室，这是茶作为贡品的最早记述。公元前59年，已有“烹茶尽具”“武阳买茶”的记载，这表明在四川一带已有茶叶作为商品出现，是关于茶叶商贸活动的最早记载。东汉（25—220年）末年、三国时代的医学家华佗在《食论》中提出了“苦茶久食，益意思”，是茶叶药理功效的第一次记述。三国（220—265年）时期，史书《三国志》中有吴国君主孙皓“密赐茶荼以代酒”，是“以茶代酒”最早的记载。到了隋朝（581—618年），茶的饮用逐渐开始普及，隋文帝患病，遇俗人告以烹茗草服之，果然见效。于是人们竞相采之，茶逐渐由药用演变成社交饮料，但主要还是在社会的上层群体中流行。随着文人饮茶之兴起，有关茶的诗词歌赋日渐问世，茶已经脱离作为一般形态的饮食而走入文化圈，起着一定的精神、社会作用。中华茶文化由此开始了它真正意义上的萌芽。

三、唐代茶文化的形成

唐代（618—907 年）是茶作为饮料扩大普及，并从社会的上层走向全民的时期。唐太宗大历五年（770 年）开始在顾渚山（今浙江长兴）建贡茶院，每年清明前兴师动众督制“顾渚紫笋”饼茶，进贡皇朝。唐德宗建中元年（780 年）纳赵赞议，开始征收茶税。8 世纪，中国历史上第一部真正意义上的茶典——陆羽《茶经》问世。“自从陆羽生人间，人间相学事新茶。”陆羽《茶经》的问世使茶文化发展到一个空前的高度，标志着唐代茶文化的形成。《茶经》概括了茶的自然和人文科学双重内容，探讨了饮茶艺术，把儒、道、佛三教融入饮茶中，首创中国茶道精神。之后又出现大量茶书、茶诗，有《茶述》《煎茶水记》《采茶记》《十六汤品》等。唐代是中国历史上社会经济文化空前繁荣的时代，同时也是中华茶文化真正形成和发展的朝代。

唐代饮茶之风的兴起，使得全国许多地方开始生产茶叶。根据陆羽《茶经》记载，当时的主要产茶区有 42 个，涉及现在的 17 个行政划分省份，即西北至安康，北至淮河南岸的光山，西南至云贵的西双版纳和遵义，东南至福建的建瓯等，南至岭南的两广。因各地气候不一、地理位置迥异，加上风土人情和种植方法有差异，所产出的茶叶也呈现出不同的特质。唐人在煎茶过程中，总结出了茶与水的煎煮关系，择水当选与产茶地相宜的水。故而，中国茶文化自唐代开始，饮茶讲究茶水相宜。茶与水的融合，各地风格迥异。唐人开始认识到不同水质对茶汤质量的影响，不同沸水程度对茶汤质量的影响，不同产地茶碗对茶汤汤色的影响等细节。唐人开始重视茶叶的制作方法和过程，不同的制作方法产出的茶叶，采用不同的煮饮方式。

四、宋代茶文化的兴盛

宋代茶业已有很大发展，并在唐代的基础上进一步推动了茶文化的发展，在文人中出现了专业品茶社团，有官员组成的“汤社”、佛教徒的“千人社”等。宋太祖赵匡胤是一位嗜茶之士，在宫廷中设立茶事机关，宫廷用茶已分等级。茶仪已成礼制，赐茶已成皇帝笼络大臣、眷怀亲族的重要手段，还赐给国外使节。至于普通百姓，茶文化更是生机盎然，有人迁徙，邻里要“献茶”；有客来，要敬“元宝茶”；订婚时，要“下茶”；结婚时，要“定茶”；同房时，要“合茶”。民间斗茶风起，带来了采制烹点的一系列变化。宋太宗太平兴国年间（976 年）开始在建安（今福建建瓯）设宫焙，专造北苑贡茶，从此龙凤团茶有了很大发展。宋徽宗赵佶在大观元年间（1107 年）亲著《大观茶论》一书，以帝王之尊，倡导茶学，弘扬茶文化。宋代创立了点茶法，斗茶之风盛行，由此产生了茶文化精粹——分茶。由于皇帝和文人对点茶、分茶和斗茶的推崇，贡茶的产生，极大地提高了茶叶和茶具质量。由于茶马贸易的旺盛，宋代开始，朝廷设茶马司，专门负责以茶叶交换周边各少数民族马匹的工作。由于马匹是重要的战备物资，设置茶马司便于朝廷控制各少数民族地区，同时，茶马贸易也促进了对少数民族的文化推广，特别是茶文化的推广，并由此逐步产生了专供少数民族地区的茶叶——黑茶（边茶）。由此，中华茶文化进入了兴盛时期。

五、明、清茶文化的普及

中国古代茶文化的发展史上，元、明、清也是一个重要阶段，茶叶的生产量和消费量逐渐扩大，饮茶技艺的水平、特色逐步提升，呈现多样化，散发着令人陶醉的文化魅力。宋代，大小城市茶馆、茶楼的兴起使得茶文化更加深入普通大众的生活，各种茶文化不仅继续在宫廷、宗教、文人、士大夫等阶层中延续和发展，茶文化的精神也进一步植根于广大民众之间，不同地区、不同民族有极为丰富的“茶民俗”。明、清茶人继承了唐、宋茶人饮茶修道的思想。泡茶法大约始于中唐，南宋末至明朝初年，泡茶多用末茶。明初以后，泡茶用叶茶，流行至今。

明、清时期，茶叶的生产和加工方式日渐多样化，出现蒸青、炒青、烘青等各茶类，茶的饮用已改成“撮泡法”，明代不少文人雅士留有传世之作，如唐伯虎的《烹茶画卷》《品茶图》，文徵明的《惠山茶会记》《陆羽烹茶图》《品茶图》等。茶类的增多，泡茶的技艺有别，茶具的款式、质地、花纹千姿百态。晚明时期，文人雅士们对品饮之境又有了新的突破，讲究“至精至美”之境。此时的茶叶已经进入寻常百姓家，成为人们日常生活中不可或缺的一种要素。

六、现代茶文化的发展

新中国成立后，我国茶叶生产得到了快速发展，2013 年全国干毛茶的产量已经达到了 189 万吨，茶叶总产值突破 1000 亿元人民币。茶物质财富的大量增加为我国茶文化的发展奠定了坚实的基础。随着茶文化的兴起，各地茶艺馆越办越多。各种形式的国内、国际茶文化研讨会频繁展开，吸引了世界各地的茶叶厂商和茶文化研究人员参加。各省、各市及主产茶县纷纷主办“茶叶节”，如福建武夷市的岩茶节、云南的普洱茶节、湖北英山及河南信阳的茶叶节等不胜枚举，以茶为载体，形式多样的活动，促进了各地经济贸易的发展，同时也进一步扩大了中华茶文化的影响。

时值金秋，丹桂飘香，正是品茶的好时候。所谓好茶还需细品，回想近 30 年对中国茶文化的收集和研究过程，各种生活志趣和人生滋味，尽在其中。无论红、绿、白、黑、黄或青，喝出生活味道的茶，皆为好茶。茶成为文化，经过了历史的沉淀和大众的传播。作为文化工作者，我和一群志同道合的中华茶文化爱好者，结合各自的工作，努力地向外国人传播着这一种物色突出的茶文化。作为民间的茶文化个体传播者，我们阅读分析了近 20 年中国出版的与茶文化有关的海量书籍，它们或细谈茶历史，或趣说茶文化，或详道茶之俗，或闲话茶之事，或漫话茶与养生，或把玩茶之器具，或译解茶之经典，然而大部分的书籍缺乏系统性，尤其是缺少针对外国人系统宣传介绍中华茶文化的书籍。10年前，我在英国工作期间有机会接触到英国的茶艺。众所周知，英国本土并不生产茶叶，而“英伦下午茶”却成了举世闻名的茶艺经典。这与英国人对茶文化的研究和英国茶艺的推广是密不可分的。随着中国经济的快速发展，中国已经全方位地走向了世界，中华文化的对外推广已是大势所趋，时不我待。作为中华文化组成部分的中华茶文化的宣传推广自然也就水到渠成了。

本着这样一种想法，我们编写了本套茶文化丛书。丛书共有七本，分别为《茶之类》《茶之水》《茶之器》《茶之典》《茶之艺》《茶之养》和《茶之道》，以期对中华茶文化进行一次全方位的梳理，同时也希望为对中华茶文化有兴趣的外国朋友提供一个全面了解中华茶文化的途径。我们力求从便于茶文化传承的角度，系统收编整理天下千差万别的各类茗茶，结合中国文化中“天地人和”的特点，介绍中国广袤大地上的宜茶之水。纵观历史，挖掘出中国摆器赏茶的道具，品析茶自孕育萌芽伊始的典故，与读者一起观外形、赏汤色、闻香气、品茗滋，享受中国茶文化带来的丰富营养，涤心神，悟人生。

由于编者不是茶文化的专业研究人员，丛书主要从日常生活中易于茶文化传播的角度编写，因此难免有考虑不周的地方，在此恳请专业人士予以批评指正。

黄小勇

2015年7月

前言

对国人来说，茶是一个既古老又充满新意的话题。作为古老的话题，因为中国是茶的故乡，据东汉集结成书的《神农本草经》记载，上古时代，因人们不能分辨五谷与杂草、不知道药物和百花的区别，即使是生疮害病，也无医无药。于是就有了神农尝百草，日遇72种毒，得茶而解之的故事。可见茶在中国有几千年的历史。

茶由药用转化为习常饮料是中唐以后的事，唐代开元以后，中国的“茶道”大行，饮茶之风弥漫朝野，宋承唐代饮茶之风，日益普及。当时道教、儒教、佛教三教鼎盛，一时间以茶供祖、以茶释经、以茶养生、办茶会、写茶诗……在道、儒、佛三教的推动下，无论茶文化还是制茶的技术，都得到了极大的发展。

在漫长的历史发展过程中，我国历代茶人富有创造性地开发了各种各样的茶类，根据茶叶制作过程中的发酵程度不同先后发明了绿茶、红茶、青茶、黑茶、黄茶和白茶六大基本茶类；另外，中国地域辽阔，茶区分布广泛，不仅有平地茶，还有高山茶；在长期探索中，中国人还充分利用一年四季的气候，运用聪明的头脑使得一年四季都能生产出好茶；同时茶树品种繁多，制茶工艺不断革新，中国人因时制宜、因地制宜地制作出了包括花茶、紧压茶、萃取茶、果味茶、保健茶和凉茶在内的各种再加工茶，形成了丰富多彩的茶类。

本书是一本茶文化的入门读物，希望读者通过阅读本书，能分清我国特有的绿茶、红茶、青茶、黑茶、黄茶和白茶这六大基本茶类；了解春茶、夏茶、秋茶、冬茶各自的不同；知晓源何“高山出好茶”，也明白何为“老太君”所不喜的“六安茶”，妙玉所奉“老君眉”又是什么茶；能鉴赏“四阿哥喜欢的太平猴魁”“八阿哥喜欢的日铸雪芽”“九阿哥喜欢的明前龙井”“十四喜欢的大红袍”……为了解博大精深的中国茶文化热热身。

当然，茶的分类和中国名茶远比本书描述的内容丰富得多，本书只是选择了部分有代表性的名茶进行阐述，同时也在文中配备了大量图片以期提高广大读者对中国茶类的认识和鉴赏能力，为弘扬中国的茶文化贡献一点微薄的力量。

本书所用图片，部分为作者拍摄；部分为武汉羽桐文化会馆提供；其余来源广泛。如涉及图片使用相关问题，请图片版权所有者与出版社联系。

在编写本书的过程中，我们得到茶业界及其他各界许多朋友的关心和支持，在本书出版之际，谨致以衷心的感谢。书中的疏漏和不足之处，敬请广大读者、各界朋友批评指正。

编　者

2015 年 7 月

目录

茶的分类

第一节　茶　　名

要识茶，首先要认识茶名。我国自唐代以来，有文字记载的茶名就数以千计。我国茶的命名文雅美丽，富有想象力，富于描写性，使人见之可知其产地、采时、制法，得其形状，见其颜色，闻其香气，品其滋味。

如我们耳熟能详的十大名茶：西湖龙井、洞庭碧螺春、黄山毛峰、庐山云雾、六安瓜片、君山银针、信阳毛尖、武夷岩茶、安溪铁观音、祁门红茶，均按产地取名。

按采摘时间取名的茶如明前、雨前、骑火茶、春蕊等。明前，因采制于清明节之前而得名，亦称“火前”（因清明节前一天是寒食节，这一天禁火，所以叫火前茶）。自古以来，人们都以春茶为贵。所谓“明前龙井”，可见是多么名贵的茶了。

春茶飘香

按制法取名的茶如蒸青、炒青、工夫、小种等。滇红工夫茶因制工精细，故名工夫茶。

滇红工夫茶

按形状命名的茶如珍眉、珠茶、瓜片、鱼钩茶、松针、毛尖、雀舌、鹰嘴、旗枪、仙人掌茶等。六安瓜片，因茶叶形似瓜子，不含芽尖、茶梗，产地六安，因此命名为六安瓜片。

六安瓜片汤底

黄芽、黄汤、白毛茶、辉白、天山清、水绿均按颜色取名；给茶起名肉桂、水仙、小兰花，是因为这些制好的上好乌龙茶有着这类花香；反映滋味的有苦茶等。也有综合几种特点给茶取名的，如青城雪芽、白牡丹、寿眉、碧螺春等。

白牡丹

肉桂茶树

日照绿茶

绿茶取名一般是前冠产地，后接专名，如庐山云雾茶、西湖龙井、峨眉雪芽、湄潭翠芽、兰馨雀舌、惠明茶、洞庭碧螺春、中岳仙茶、剑叶、马边云雾茶、日照绿茶、顾渚紫茶、午子仙毫、黄山毛峰、六安瓜片、信阳毛尖、狗脑贡茶、云雾毛尖、曾侯银剑、大悟绿茶、平水珠茶、宝洪茶、上饶白眉、径山茶、峨眉竹叶青、峨眉春语、汉家刘氏茶、南安石亭绿、仰天雪绿、蒙顶茶等。也有按产地和品类取名的，如屯绿、婺绿、杭绿、湘绿（炒青）、徽烘青、浙烘青、闽烘青（烘青）、滇青、川青、鄂青（晒青）等。

红茶命名一般以制法分为小种、工夫两类，再按产地区别品种，如正山小种、坦洋小种，祁红（祁门工夫茶）、宁红（宁州工夫茶）、川红（川红工夫茶）、白琳工夫茶、政和工夫茶等。

黄茶、白茶产区较少，所产皆为地方特产，命名方法与地方特种绿茶相同。黑茶的成品茶均为经再加工蒸压制成的紧压茶，茶名一般反映成品茶的形制特点，如四川方包茶、云南沱茶、圆饼茶、湖北老青砖、湖南花卷茶、茯砖；或以产地命名，如六堡茶、湘尖茶。青茶的茶名具有浓郁的地方特色，一般以茶树品种的名称来命名其鲜叶所制的成品茶，如乌龙茶、铁观音、肉桂、水仙、奇兰、梅占、香橼、大红袍、铁罗汉等。

圆饼茶

第二节　茶的分类方法

由于我国产茶历史悠久，茶区辽阔，自然条件各异，茶树品种繁多，更因采制加工方法不同，从而形成了千姿百态、丰富多彩的茶品。在漫长的产茶历史中，人们按照色泽区分，逐步形成了中国传统意义上的六大茶类：绿茶、红茶、青茶、黑茶、黄茶、白茶。人们通过长期的实践，创造并采用了不同的加工制作工艺，发展了从不发酵、半发酵、全发酵到后发酵等一系列不同茶类，同时也注意到茶的生长环境和精湛的加工制作工艺是相辅相成的，好的芽叶加上好的做工才能生成好茶，因此，不论是高山茶还是平地茶，采茶的季节都非常重要。目前，世界上还没有规范、统一的茶叶分类方法，下面依据我国历代主要茶叶类别及现代制作工艺，把我国现代茶叶的分类详细介绍如下。

一、按色泽分类

随着历史的发展，茶的制作工艺也逐步演变。周朝：将茶鲜叶晒干或阴干收藏，与现在白茶制法相同。东汉：将茶鲜叶捣碎制成饼茶。唐朝：将鲜叶先蒸后捣碎，然后制成团块茶，因技术不同，在唐朝出现了黄茶、绿茶和黑茶。北宋：发明蒸青散茶。南宋：发明炒青散茶。明朝：发明红茶制法。清朝：发明青茶制法。由此，中国茶叶演变为六大基本茶类。这六大茶类是以茶的色泽来分的，即绿茶、红茶、青茶、黑茶、黄茶、白茶。

（一）绿茶

绿茶是中国制茶史上出现最早的茶类，也是我国产量最多的一类茶叶，年产量在10万吨左右。中国生产绿茶的范围极为广泛，河南、贵州、江西、安徽、浙江、江苏、四川、陕西（陕南）、湖南、湖北、广西、福建为我国的绿茶主产省份。我国绿茶花色品种之多，居世界之首。

朱元璋

据传朱元璋是第一个推广绿茶的人。元朝末年，朱元璋率领农民起义，羊楼洞茶农从军奔赴新（疆）蒙（古）边城。他们在军中见有人饭后腹痛，便将带去的蒲圻绿茶给病者服用。服后，患者相继病愈。这件事被朱元璋得知，他便记在了心里。当了皇帝后，朱元璋和宰相刘基到蒲圻找寻隐士刘天德，恰遇在此种茶的刘天德长子刘玄一。刘玄一请朱皇帝为茶赐名。朱元璋见茶叶翠绿，形似松峰，香味俱佳，遂赐名“松峰茶”，又将长有茶叶的高山，命名为松峰山。明洪武二十四年（1391年），太祖朱元璋因常饮羊楼松峰茶成习惯，遂诏告天下：“罢造龙团，唯采茶芽以进。”因此，刘玄一成为第一个做绿茶的人，朱元璋成为第一个推广绿茶的人，羊楼洞成为最早做绿茶的地方。

绿茶是以适宜的茶树新梢为原料，经杀青、揉捻、干燥，大部分白毫脱落，其干茶色泽和冲泡后的茶汤、叶底以绿色为主调，故名绿茶。

杀青是采取高温措施，散发叶内水分。绿茶分蒸青制法和炒青制法两种：蒸青制法早在我国唐代就开始使用，后传到日本，沿用至今；炒青制法是我国大多数绿茶的制法。当然，现在除了少数名优绿茶采用手工炒青，绝大多数均用机械炒青。

揉捻就是把杀青过的茶青像揉面一般地揉，揉捻也是将茶叶塑形的过程。如轻揉捻，除乌龙茶类揉成自然弯曲的所谓“条状”外，应包括直线形来回把茶青“压成”扁平状（如龙井、煎茶）或“揉成”针状（如眉茶、玉露）的做法。另外还有一种更轻的揉捻，只是轻轻地拨弄一下，茶青几乎维持原来的样子，如维持原来的片状（如瓜片）、芽心状（如白毫银针）。

茶叶干燥可以采用多种方式进行，常见的有烘干、炒干和晒干，这几种干燥方法所制茶叶各有特点。采用烘干工艺制作的茶叶，外形条索略松，白毫或金毫显露，如黄山毛峰、太平猴魁等，都是采用烘干工艺；炒青绿茶，如龙井、眉茶，茶条表面的毫毛脱落，外形光滑绿润；采用晒干工艺制作的茶叶，干茶色泽墨绿，白毫也较显，有明显的日晒味，如晒青绿茶。

太平猴魁茶

绿茶

绿茶也是一种未经发酵制成的茶，保留了鲜叶内较多的天然物质，其中茶多酚、咖啡因保留85%以上，叶绿素保留50%左右，维生素损失也较少，从而形成了绿茶“清汤绿叶，滋味收敛性强”的特点。绿茶中的这些天然营养成分，对防衰老、防癌、抗癌、杀菌、消炎等具有特殊效果，是其他发酵类茶所不及的。

绿茶茶叶

（二）红茶

红茶是一种经过全发酵制成的茶。因其干茶色泽和冲泡的茶汤以红色为主调，故名红茶。世界四大名红茶有：祁门红茶、阿萨姆红茶、大吉岭红茶、锡兰高地红茶。

说起红茶，它的鼻祖在中国，世界上最早的红茶由中国明朝时期福建武夷山茶区的茶农发明，名为“正山小种”。武夷山市桐木关是生产正山小种红茶的发源地，至今已经有400多年的历史。正山小种红茶茶叶是用松针或松柴熏制而成的，有着非常浓烈的香味。因为熏制的原因，茶叶呈灰黑色，但茶汤为深琥珀色。正山小种红茶是最古老的一种红茶，工夫红茶就是在正山小种的基础上发展起来的。近年来，比较热门的金骏眉就是在武夷山正山小种红茶传统工艺基础上进行改良，采用创新工艺研发的高端红茶。

金骏眉

红茶与绿茶的区别在于加工方法不同。红茶加工时不经杀青，采摘鲜叶后经过萎凋，也就是摊放鲜叶，使鲜叶失去一部分水分，再揉捻将茶青揉搓成条或切成颗粒成型，然后发酵，使所含的茶多酚氧化，变成红色的化合物。这种化合物一部分溶于水，一部分不溶于水，而积累在叶片中，从而形成红汤、红叶。

所谓发酵，就是将揉捻过的茶放在空气中继续氧化。

我国的红茶产品按加工方法和品质特征可分为红碎茶、工夫红茶、小种红茶等。小种红茶有松香味，条形粗壮。工夫红茶条细而长，加工工序多，要精工细做，很费时间，所以叫工夫红茶。

正山小种

（三）青茶

青茶，又称乌龙茶，是我国特有的一种茶类，是一类介于红茶和绿茶之间的半发酵茶，在六大茶类中制作工艺最复杂，泡法也最讲究。制作时适当发酵，使叶片稍变红。因其叶片中间为绿色，叶缘呈红色，故有“绿叶红镶边”之称。

乌龙茶

青茶一般以产地的茶树命名，如铁观音、大红袍、乌龙等。它有红茶的醇厚，而又比一般红茶涩味浓烈；有绿茶的清爽，而无一般绿茶的涩味。其香气浓烈持久，饮后留香，并具提神、消食、止痢、解暑、醒酒、分解脂肪、减肥健美等功效。

岩茶茶汤

青茶最独特的品质是其具有天然的花果香。这种独特的品质不仅与其独特的加工工艺有关，还与茶树品种有着密切的联系。如按茶树品种，青茶可分为凤凰单枞、黄焱、色种、铁观音、黄金桂等；如按产地不同可分为福建的闽北乌龙茶、闽南乌龙茶，广东乌龙茶、台湾乌龙茶等。

凤凰单枞

（四）黑茶

黑茶属于后发酵茶，是我国特有的茶类，主要产于湖南、湖北、四川、云南、广西等地，生产历史悠久，以制成紧压茶边销为主，又称边销茶，为一些少数民族所喜爱，尤其是藏族、蒙古族和维吾尔族人民，把黑茶当作日常生活的必需品，有“宁可三日无食，不可一日无茶”之说。

普洱茶砖

黑茶的原料粗老，加上制作过程中一般需要较长时间的堆积发酵，因而叶色呈暗褐色，故称黑茶。制茶工艺一般包括杀青、揉捻、渥堆和干燥四道工序。黑茶品种按成品形状可分为紧压茶、散装茶和花卷茶三大类。紧压茶为砖茶，主要有茯砖、花砖、黑砖、青砖茶，俗称四砖，散装茶主要有天尖、贡尖、生尖，统称为三尖；花卷茶有十两、百两、千两等。黑茶按地域分布，主要分为湖南黑茶（茯茶）、四川藏茶（边茶）、云南黑茶（普洱茶）、广西六堡茶、湖北老黑茶及陕西黑茶（茯茶），以上俗称“黑五类”。

千两茶

（五）黄茶

黄茶属于发酵茶类，黄茶的制作与绿茶有相似之处，不同点是多一道闷堆工序。人们从炒青绿茶中发现，由于杀青、揉捻后干燥不足或不及时，叶色即变黄，于是产生了新的品种——黄茶。黄茶的品质特点是“黄叶黄汤”。这种黄色是制茶过程中进行闷堆渥黄的结果，这个闷堆过程是黄茶制法的主要特点，也是它与绿茶的基本区别。

黄茶中富含茶多酚、氨基酸、可溶糖、维生素等丰富营养物质，对防治食道癌有明显功效。此外，黄茶鲜叶中天然物质保留85%以上，还含有很多茶多酚、氨基酸、可溶糖、维生素等营养物质，这些物质能杀菌、消炎。

黄茶按鲜叶老嫩分为黄芽茶、黄小茶和黄大茶三大类。黄芽茶原料细嫩、采摘单芽或一芽一叶加工而成，主要包括湖南岳阳洞庭湖君山的“君山银针”，四川雅安、名山的“蒙顶黄芽”和安徽霍山的“霍山黄芽”。黄小茶采摘细嫩芽叶加工而成，主要包括湖南岳阳的“北港毛尖”，湖南宁乡的“沩山毛尖”，湖北远安的“远安鹿苑”和浙江温州、平阳一带的“平阳黄汤”。黄大茶采摘一芽二三叶甚至一芽四五叶为原料制作而成，主要包括安徽霍山的“霍山黄大茶”和广东韶关、肇庆、湛江等地的“广东大叶青”。

黄茶中的极品——蒙顶黄芽

（六）白茶

白茶是一种不经发酵，亦不经揉捻的茶，是世界上享有盛名的茶类珍品，是我国的特产。因其成品茶多为芽头，满披白毫，如银似雪而得名。白茶具有天然香味，以银针白毫最为名贵，特点是遍披白色茸毛，并带银色花泽，汤色略黄而滋味甜醇。其主要产区在福建福鼎、政和、松溪、建阳、云南景谷、江西靖安等地。其基本工艺包括萎凋、烘焙（或阴干）、拣剔、复火等工序，它加工时不炒不揉，只将细嫩、叶背满茸毛的茶叶晒干或用文火烘干，而使白色茸毛完整地保留下来。萎凋是形成白茶品质的关键工序。白茶具有芽毫完整、毫香清鲜、汤色黄绿清澈、滋味清淡回甘的品质特点。

福鼎白茶

白茶是茶叶里的瑰宝，是药效性能很好的茶之奇葩。根据民间长期饮用和实践及现代科学研究证实，白茶具有解酒醒酒、清热润肺、平肝益血、消炎解毒、降压减脂、消除疲劳等功效，尤其针对烟酒过度、油腻过多、肝火过旺引起的身体不适、消化功能障碍等症，具有独特、灵妙的保健作用。民间采用它制作成清醇的“白茶饼”，因其独特风味和保健作用流传到南洋一带，至今在东南亚各国享有盛誉。

白茶因茶树品种、原料（鲜叶）采摘的标准不同，分为芽茶（如白毫银针等）和叶茶（如白牡丹、新工艺白茶、寿眉等）。白茶主要品种有白牡丹、白毫银针、贡眉、寿眉等。

白茶茶汤

中国茶叶按色泽分类表

绿茶	炒青绿茶	龙井、碧螺春、松针、珠茶、眉茶
	烘青绿茶	太平猴魁、黄山毛峰、华顶云雾、闽浙烘青
	蒸青绿茶	煎茶、玉露
	晒青绿茶	滇青、川青、陕青
红茶	小种红茶	正山小种、烟小种、金骏眉
	工夫红茶	滇红、祁红、宜红、闽红
	红碎茶	叶茶、碎茶、片茶、末茶
青茶	闽北乌龙	武夷岩茶、武夷水仙、大红袍、肉桂
	闽南乌龙	铁观音、奇兰、黄金桂
	广东乌龙	凤凰单枞、凤凰水仙、岭头单枞
	台湾乌龙	冻顶乌龙、包种、乌龙
黑茶	湖南黑茶	安化黑茶
	湖北老黑茶	咸宁老青茶
	四川边茶	南路边茶、西路边茶
	滇桂黑茶	普洱茶、六堡茶
黄茶	黄芽茶	君山银针、蒙顶黄芽
	黄小茶	北港毛尖、沩山毛尖、温州黄汤
	黄大茶	霍山大黄茶、广东大叶青
白茶	白芽茶	白毫银针
	白叶茶	白牡丹、新工艺白茶、寿眉

二、按发酵程度分类

茶叶从采摘到制成成品要经过一系列烦琐复杂的程序。茶青(俗称茶菜)从采摘下来到杀青这段期间内，在日光萎凋（或热风萎凋）、“室内萎凋与搅拌”等过程中，发酵是其中重要的一环。发酵在一般茶上（除后发酵茶）是单纯的一种氧化作用，只要将茶青放在空气中即可。就茶青的每个细胞而言，要先萎凋才能引起发酵，但就整片叶子而言，发酵是随萎凋而逐步进行的，只是在萎凋的后段，加强搅拌与堆厚后才快速地进行。因此，茶叶又可按茶的发酵程度分成不发酵的绿茶类，半发酵的青茶类、黄茶类、白茶类，全发酵的红茶类，后发酵的黑茶类。日本就是按茶的发酵程度给茶分类的。

（一）不发酵茶

绿茶属于不发酵茶。其以采摘适宜茶树新梢为原料，不经发酵，直接杀青、揉捻、干燥。其干茶色泽和冲泡后的茶汤、叶底均以绿色为主调。

不发酵茶之绿茶鲜叶

不发酵茶之绿茶茶汤

不发酵茶含大量的维生素及活性的营养素，极容易受到破坏，所以储存的要求也极高。不发酵茶最容易受到光晒、潮气与气味的影响及破坏。一旦遭晒、受潮，茶叶便会变色、变味、变质。茶叶极敏感，若随便乱放，接触了异味，茶叶便会吸收这些气味而影响、破坏自身的味道。因此，储存绿茶必须防晒、防潮、防异味。

如果茶叶数量不多，估计在几个月内便会用完，只需置于阴凉通风处便可。当然，储存器必须密封，免受异味熏染。储存器最好是锡罐，以免受日晒。市面上出售高档茶叶时附带的纸皮质茶罐、茶盒也可用。只是，茶罐里面包茶叶的锡纸必须保留，茶叶才会更耐收。如果茶叶数量多，又准备饮用超过一年，则必须藏在冰箱之中，饮用之前酌量解冻。翌年，茶叶依然鲜嫩如绿叶。

锡罐

（二）半发酵茶

在制作过程中将茶叶中的叶绿素破坏，并使其发酵程度在 20% ～ 70% 不等，为半发酵茶，如铁观音、武夷岩茶等。半发酵茶在制作过程中经过日光萎凋、室内萎凋、炒青、揉捻及干燥而成。如此便兼具绿茶的清香甘醇以及红茶的色泽果香，极具特色。此茶因为部分发酵，故叶子呈现“绿叶红镶边”的特殊美感。

半发酵茶米

半发酵茶如乌龙茶、铁观音，介于不发酵茶类和全发酵茶类中间，它既有不发酵茶的特性，又有全发酵茶的特性。半发酵茶与不发酵茶的储存方法基本相似。所以，储存半发酵茶类也要防晒、防潮、防气味，可用锡罐、瓷罐、铁罐、竹盒、木盒储存。不过，半发酵茶既然经过发酵，则又比不发酵茶耐存放一些。不藏冰箱不发酵茶可保存约一年，半发酵茶则两三年。

半发酵茶又有轻焙、重焙，轻发酵、重发酵之分。大致上，轻焙、轻发酵者，较近似不发酵茶，所以，寿命也不长，收久则需存冰箱。

1. 轻发酵茶（又通称“包种茶类”）：白茶、文山包种茶（青茶）、宜兰包种、南港包种、香片、明德茶、冻顶茶、松柏长青茶、铁观音、武夷水仙。

2. 重发酵茶：乌龙茶。

瓷罐

（三）全发酵茶

全发酵茶是100%发酵的茶叶，因冲泡后茶色呈现鲜明的红色或深红色，极具特色，称为红茶，如祁门红茶。红茶的香味会因种类的不同而产生完全不同的气味，难以形容，但饮后由喉咙深处所散发出来的香味，令人有清爽舒畅之感，不过茶渍较重，喝后最好刷牙。

全发酵茶经过完整的发酵过程，已无绿茶的特性。茶叶的本质与味道已转换成发酵之后所特有的味道。这种味道，越久越醇，价值越高。所以不需要防潮、防晒。不过，将它密封还是必要的，以免受异味侵袭。

陶瓷罐

（四）后发酵茶

除了上述纯氧化作用的发酵外，还有一类茶是不氧化，待杀青、揉捻后，进行堆放（所谓的渥堆），这时由于茶青还是湿的，就会发热，且引起微生物的生长，为茶青造成另一种形式的发酵。汤色变得深红，滋味变得厚重醇和，干燥后就是市面上所通称的普洱茶。普洱茶的前期加工属于不发酵茶类的做法，再经渥堆后发酵而制成，属于黑茶。为有别于上述杀青前的发酵，这种杀青后的发酵称为后发酵。

普洱生茶

保持通风干燥是收藏、存放后发酵黑茶最重要的一点。黑茶因深度发酵，若防湿、防潮做得不好，就会在茶的表面长白霉，早期不会影响品质，也不会影响黑茶的口感，无须过度担心，何况黑茶的发酵原理即因能产生对人体有益的菌（俗称金花，学名“冠突散囊菌”）而起到发酵作用的，去除黑茶表面的白霉以后，在通风处存放几日即可饮用。但是，霉变后若不及时处理，发霉过心，出现黑、绿、灰霉就不能饮用了。

三、按采茶季节分类

茶随着自然条件的变化也会有差异，如水分过多，茶质自然较淡；孕育时间较长，接受天地赐予自较丰腴。所以随着不同季节制造的茶，就有了春茶、夏茶、秋茶、冬茶。

（一）春茶

春茶俗称春仔茶或头水茶，依时日又可分早春、晚春、（清）明前、明后、（谷）雨前、雨后等茶。春季温度适中，雨量充沛，加上茶树经冬季的休养生息，使得春梢芽叶肥硕，色泽翠绿，叶质柔软，特别是氨基酸及相应的全氮量和多种维生素，不但使春茶滋味鲜活，香气蹭鼻，更富保健作用。加之，春茶期间一般无病虫危害，无须使用农药，茶叶无污染，因此春茶，特别是早期的春茶，往往是一年中茶叶品质最佳的。所以，众多高级名绿茶，诸如信阳毛尖、西湖龙井、洞庭碧螺春、黄山毛峰、庐山云雾等，均采制春季前期。

春茶采摘

一般来说，五月底前采制的茶叶都可称作春茶。

社前：社日前采制的茶叶，茶中精细之品。社日：古代祭祀土地神的日子，分春社、秋社，分别在立春、立秋后的第五个戊日。这里指的是春社。南宋王观国《学林》卷八《茶诗》："茶之佳品，摘造在社前，谓谷雨前也。"《宋史·食货志下》："建宁腊茶、北苑为第一，其最佳者曰社前，次曰火前。"

火前：又称"明前"，指寒食清明前所采制的茶叶。寒食节在清明前一日，禁火，故茶称"火前"。火前茶晚于社前茶，仍属于芽茶。

梅茶：摘于梅雨季节，故称梅茶。明代许次纾《茶疏·采摘》："他山射利，多摘梅茶，梅茶涩苦，止堪作下食，且伤秋摘（妨害秋茶），佳产戒之。"今安徽六安瓜片采制于梅雨时节的称"梅片"。

头春：武夷茶最早采摘制作的春茶称头春。采摘时间说法不一。清代陆廷灿《续茶经》引《王草堂茶说》："武夷茶自谷雨采至立夏，谓之头春。约隔二旬复采，谓之二春。又隔又采，谓之三春。头春叶粗味浓，二春、三春叶渐细、味渐薄，且带苦矣。"

以上均是指春天的茶，其中以明前茶为珍品。

（二）夏茶

夏季生产加工的茶叶，即称夏茶。夏季天气炎热，光线照射强，茶树新梢生长迅速，有"茶到立夏一夜粗"之说，但很容易老化。茶叶中的氨基酸、维生素的含量明显减少，花青素、咖啡碱、茶多酚含量明显增加，从而使茶汤滋味显得苦涩、香气多不如春茶浓烈。所以一般夏茶适合制作发酵茶，它有充分的茶多酚转换为茶黄素、茶红素和茶褐素。但制作绿茶就滋味苦涩，香气欠高，色泽灰暗，叶底薄而硬。夏茶外形一般都是叶片轻飘宽大，嫩梗瘦长，对夹叶多，叶脉较粗，叶缘锯齿明显。茶以春茶为贵，秋茶次之，夏茶又次之。

夏茶采摘

（三）秋茶

七月中旬以后采制的茶为秋茶。秋季气候介于春、夏之间，明代许次纾《茶疏》中记载有一种称为“早春”的秋茶，采于七八月间，品质甚佳。福建武夷岩茶中初秋所采者称为“秋露”，安溪秋茶称“秋香”，也颇有名气。一般来说，凡七月中旬以后采制的茶叶都属于秋茶。秋茶外观叶形较瘦小，叶片身骨轻，芽叶匀齐度不佳，冲泡后叶缘锯齿明显，滋味恬淡。秋茶品质次于春茶，优于夏茶。古人说：“春茶苦，夏茶涩，要好喝，秋白露（指秋茶）。”

广西昭平茶农赶采秋茶

（四）冬茶

一般所谓的冬茶，有两种：一种是秋芽冬采（一般），另一种是冬芽冬采（极品）。冬茶采收之时，种茶人还需仔细规划枝条与肥培的管理计划，好为明年春天的好茶作最完善的准备。冬天，茶树的主要生长部位是根部。而氨基酸是在茶树根部合成后再运输到顶端的。茶树经过冬眠后，内部储藏了许多营养成分。冬季阳光照射弱，茶树生长缓慢，也是茶叶中某些香气物质形成的主要因素，所以冬茶生长环境相对于秋茶生长环境会更具制成好茶的优势。冬茶孕育与采摘期在十一月下旬至十二月上旬，因数量稀少，在市场上价格昂贵。

中国台湾地区冻顶乌龙“冬茶”开采图

四、按生长环境分类

生长环境对茶的品质有着至关重要的作用，而海拔高度却在很大程度上导致了不同茶区的气候条件不同，从而影响了茶的品质和口味。因此，可以按茶的生长环境或者海拔高度将茶分为高山茶和平地茶两类。

（一）高山茶

高山茶是对产自海拔较高的山区的茶的通称。有高山、能产茶的地方，都可以种高山茶。至于海拔高度为多少才可以称为高山茶，目前还没有定论。一般认为生长于海拔 1000 米以上茶园所产制的茶叶为高山茶。中国台湾地区以海拔 2600 米为上限。高山茶富有高山气味，通常认为是高品质茶叶的象征。所以高山茶并非专指某地生产的茶叶，而仅是与平地茶相对的一个概念，但是“高山出好茶”却是不争的事实。

阿里山高山茶

高海拔的茶园，日夜温差大，茶树生长缓慢，由于湿度和雾珠的增多，使红、橙、黄、绿、青、蓝、紫七种可见光中的红、黄光得到加强，而红、黄光有利于提高茶叶中叶绿素和氨基酸的含量，其对提高茶叶色泽和滋味是不可缺少的物质。高山茶新梢肥壮，色泽翠绿，茸毛多，节间长，鲜嫩度好。由此加工而成的茶叶，往往具有特殊的花香，而且香气高，滋味浓，耐冲泡，条索肥硕、紧结，白毫显露。平常茶人所说的某茶“具有高山茶的特征”，就是指茶叶具有高香、浓味。

（二）平地茶

平地茶一般指生长在海拔 100 米以下的茶树。平地茶的新梢短小，叶底硬薄，叶张平展，叶色黄绿少光。由它加工而成的茶叶，香气稍低，滋味较淡，条索细瘦，身骨较轻。

高山茶之所以比平地茶好，是高山气候条件、土壤因子及植被等综合影响的结果，是由于高山具有适合茶树生长的天然生态条件。其实，凡是在气候温和、雨量充沛、湿度较大、光照适中、土壤肥沃的地方采制的茶叶，品质都比较好。为此，人们往往采用人工模拟茶树生长的天然生态环境的方式来提高茶叶的品质。如种植遮阴树，建立人造防护林，实行茶园铺草，采用人工灌溉等，这些都有利于改善茶叶品质。但高山出好茶，是与平地茶园相比较而言的，也并不是说山越高，茶越好。

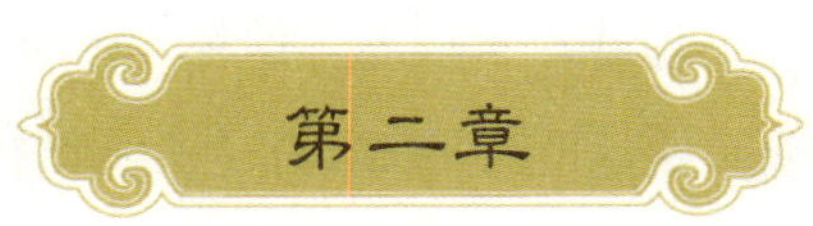

第二章

绿茶的分类

陆羽

茶主要兴盛在唐代中期。唐代是中国历史上最鼎盛的朝代之一，在唐代出现了一位重要人物——陆羽，他所著的《茶经》是中国乃至世界现存最早、最完整、最全面介绍茶的专著。在陆羽所处的时代，茶文化得到空前发展，人们不仅以茶供祖、以茶释经、以茶养生，同时还办茶会、写茶诗……与此同时，制茶的技术在唐代也得到极大进步。唐代中期后，随着茶业的发展，茶成为一种全国性的社会经济、社会文化和一门独立的学问。

据《茶经》中介绍“饮有粗茶、散茶、末茶、饼茶者”，可见在唐代已出现四种茶叶，这四种茶均属于蒸青绿茶。所谓“粗茶”，是采摘较粗老的鲜叶加工成的饼茶；所谓“散茶”，是采摘细嫩芽叶，经蒸青后烘干或炒干的松散状芽茶或叶茶；所谓“末茶”，是采摘茶鲜叶，经蒸、捣后，将捣碎的茶烘干或晒干而成的细碎末状茶；饼茶者亦称“团茶”“饼茶”“片茶”，是将采来的新鲜茶叶，经蒸青或轻煮“捞青”软化后揉捻、干燥、碾压、造型而成。这样制成的茶叶色绿、汤绿、叶绿，十分悦目。这种蒸青饼茶是唐代贡茶的主要品类。散茶可以理解为现代绿茶的前身。

中国茶道兴于唐朝，到宋朝发展到了一个鼎盛时期。在宋代，上至皇帝，下至百姓，均嗜茶成风。宋代以饮团茶为主。另一类称为草茶。草茶主要是蒸青后以芽茶的形式焙干，宋人也非常推崇，其中两种草茶被宋人视为极品。

元代，蒙古人入主中原，蒙古人喜爱直接喝茶叶，对于饮茶要求非常简单。这个时代的茶以散茶和末茶为主。在元代，蒸青绿茶的制造工艺已经基本定型。

元灭明兴，出生于贫苦农民家庭的明太祖朱元璋，非常理解农民的辛苦和团饼茶制作的艰难，于是在明洪武二十四年（1391 年）九月十六，下诏废团茶，改贡叶茶（散茶）。在制茶上，明代的绿茶杀青方法普遍改蒸青为炒青，这为芽茶和叶茶的普遍推广，提供了一个极为有利的条件，同时，也使炒青等一类制茶工艺，达到了炉火纯青的程度。

可以说，绿茶制法经历唐、宋、元、明四个朝代，才得以成熟。现代绿茶按其干燥和杀青方法的不同，可分为炒青绿茶、烘青绿茶、蒸青绿茶和晒青绿茶。

第一节　炒青绿茶

炒青绿茶在各产茶省都有生产，主要产区为浙江、安徽、江西等。炒青绿茶因绿茶干燥方式采用炒干而得名。按外形可分为长炒青、圆炒青和扁炒青三类。长炒青形似眉毛，又称为眉茶；圆炒青外形如颗粒，又称为珠茶；扁炒青又称为扁形茶。长炒青的品质特点是条索紧结，色泽绿润，香高持久，滋味浓郁，汤色、叶底黄亮。圆炒青有外形圆紧如珠、香高味浓、耐泡等品质特点。扁炒青成品扁平光滑、香鲜味醇，如西湖龙井。

炒青绿茶成茶条索紧结光润，汤色、叶底碧绿，香气鲜锐，滋味浓厚而富有收敛性，耐冲泡。炒青绿茶的主要品种，有眉茶、珠茶、西湖龙井、老竹大方、碧螺春、蒙顶甘露、都匀毛尖、信阳毛尖等。

一、碧螺春

碧螺春，也叫碧萝春，亦有俗名“佛动心”，洞庭碧螺春是中国名茶的珍品，以形美、色艳、香浓、味醇“四绝”闻名于中外。碧螺春茶已有1000多年历史，至于碧螺春始于何时以及名称由来，说法颇多。当地民间最早叫洞庭茶，又叫“吓煞人香”。相传有一尼姑上山游春，顺手摘几片茶叶，泡茶后奇香扑鼻，脱口而道“香得吓煞人”，由此当地人便将此茶叫“吓煞人香”。到了清代康熙年间，康熙皇帝视察时品尝了这种汤色碧绿、卷曲如螺的名茶，倍加赞赏，但觉得“吓煞人香”其名不雅，于是题名“碧螺春”。

碧螺春的采制需要高超的技艺，采摘有三大特点：一是摘得早，二是采得嫩，三是拣得净。每年春分前后开采，谷雨前后结束，以春分至清明采制的明前茶品质最佳。通常采一芽一叶初展，芽长 1.6 ～ 2.0 厘米，叶形卷如雀舌，称之“雀舌”，炒制 500 克高级碧螺春需采 6.8 万～ 7.4 万颗芽头。

碧螺春茶汤

碧螺春茶树

碧螺春干茶

碧螺春成茶品质特征：外形条索纤细，成螺形曲卷，披满茸毫，色泽银绿隐碧。冲泡后汤色碧清明澈，清香持久，滋味清鲜甘醇，回味绵长。叶底嫩绿细匀。人们称它“铜丝条，螺旋形，浑身毛；一嫩（芽叶）三鲜（色、香、味）自古少”。碧螺春还有一个与众不同的特点，可以先倒开水，后放茶叶，茶叶依然徐徐下沉，舒展放香。

二、龙井

最著名的西湖龙井素有“天堂瑰宝”之称，居中国名茶之冠。产于浙江省杭州市西湖龙井村周围的群山之中，故名“西湖龙井茶”。西湖龙井茶为中国十大名茶之一，具有1200多年历史。最早可追溯到唐代，当时著名的茶圣陆羽，在其撰写的《茶经》中就有关于杭州天竺、灵隐二寺产茶的记载。西湖龙井茶之名始于宋，闻于元，扬于明，盛于清。

西湖龙井茶基地

历史上龙井茶按采制时间和芽叶嫩度的不同，有“明前”“雨前”“莲心”“旗枪”“雀舌”等花色名称。“明前”采制于清明前，茶芽初发，嫩如莲心，又称“莲心”。“雨前”采制于谷雨前，采叶一枪一旗（一芽一叶），故又称“旗枪”。立夏时采一芽二叶，叶芽挺卷似雀舌，故以“雀舌”命名。按具体产地，龙井茶又分“狮（峰）、龙（井）、云（栖）、虎（跑）、梅（坞）”五个名号，狮峰龙井品质最好，称“老龙井”。

西湖龙井采茶

西湖龙井茶，外形挺直削尖、扁平俊秀、光滑匀齐、色泽绿中显黄。冲泡后，香气清高持久，香馥若兰；汤色杏绿，清澈明亮；叶底嫩绿，匀齐成朵；芽芽直立，栩栩如生。品饮茶汤，沁人心脾，齿间流芳，回味无穷。素以“色绿、香郁、味甘、形美”四绝著称。

西湖龙井干茶

西湖龙井茶汤

明前新茶和雨前新茶的区别主要是由两者的采摘时间不同造成的。明前新茶在清明之前采摘，雨前新茶在清明之后、谷雨之前采摘。明前茶数量稀少，茶汤也更加香醇。虽然雨前茶的茶汤略带苦涩，但是雨前茶的营养物质含量较丰富。

三、枪旗

枪旗，浙江著名绿茶。产于杭州、余杭、萧山、富阳等地，也称“杭州旗枪”。品质类似于西湖龙井茶而次之。外形扁平，色泽绿润，冲泡后茶汤绿明，香气鲜醇，叶底嫩绿，一枪（芽）、一旗（叶）。近年来，随着龙井制法的传播，浙江省非西湖、龙井产区和安徽、江西、湖南、湖北、四川、贵州等地也生产扁炒青，民间多称龙井茶。旗枪也改名为龙井茶或浙江龙井。

四、老竹大方

老竹大方是一种汉族传统名茶，相传为明代比丘大方始创于安徽省歙县老竹岭，故称为“老竹大方”，清代已入贡茶之列。据《歙县志》记载：“明隆庆（1567—1572年）年间，僧大方住休宁松萝山，制茶精妙，群邑师其法。然其时仅西北诸山及城大涵山产茶。降至清季，销输国外，逐广种植，有毛峰、大方、烘青等目。”

大方茶产区范围不大，但产量颇多，按品质分为顶谷大方和普通大方。其中顶谷大方是恢复生产的极品名茶，其品质特点是外形扁平匀齐，挺秀光滑，翠绿微黄，色泽稍暗，满披金毫，隐伏不露；汤色清澈微黄，香气高长，有板栗香，滋味醇厚爽口，叶底嫩匀，芽叶肥壮。普通大方品质特征：色泽深绿似铸铁，形似竹叶，称为铁色大方，又叫竹叶大方。

老竹大方干茶

老竹大方叶底

五、蒙顶甘露

蒙顶甘露是中国最古老的名茶，卷曲型绿茶的代表，被尊为茶中故旧，名茶先驱。相传蒙山种茶始于西汉末年，时名山人吴理真亲手种七株茶于上清峰。“灵茗之种，植于五峰之中，高不盈尺，不生不灭，迥异寻常。”当时被人们称为仙茶，吴理真也在宋代被封为甘露普慧妙济大师。这是我国人工种茶最早的文字记载。唐代《国史补》中将蒙顶茶列为黄茶之首。唐朝诗人亦写了很多赞美蒙顶茶的诗篇。五代毛文锡《茶谱》记载：“蒙山有五峰，环状如指掌，曰上清，曰玉女，曰井泉，曰菱角，曰甘露，仙茶植于中心蟠根石上，每岁采仙茶七株为正贡。”蒙顶茶作为贡茶，一直延续到清朝，达千年之久。

蒙山

蒙顶甘露的制法工艺沿用明朝的“三炒三揉”制法。该茶采摘细嫩，每年春分时节采摘，标准为单芽或一芽一叶初展。鲜叶采回后，经过摊放，然后杀青。杀青后需经过三次揉捻和三次炒青。“做形”工序是决定外形品质特征的重要环节，其操作法是将茶叶投入锅中，用双手将锅中茶叶抓起，五指分开，两手心相对，将茶握住团揉 4 ~ 5 转，撒入锅中，如此反复数次，待茶叶含水量减至 15% ~ 20% 时，略升锅温，双手加速团揉，直到满显白毫，再经过初烘、匀小堆和复烘达到足干，匀拼大堆后，入库收藏。蒙顶山茶，由于在加工过程中加入了揉捻工艺，和普通的绿茶相比，滋味更加鲜嫩醇爽。

一说，甘露在梵语是“念祖”之意；二说是茶汤似甘露。甘露茶采摘细嫩，制工精湛，外形美观，内质优异。其品质特点：紧凑多银毫、嫩绿色润，香气馥郁芬芳、高爽，茶形纤细，叶整芽泉；茶汤似甘露，碧清微黄，滋味鲜爽，浓郁回甜，味醇甘鲜，沏二遍时，越发鲜醇，使人齿颊留香。

六、信阳毛尖

信阳毛尖，亦称“豫毛峰”，中国十大名茶之一，产于河南大别山区的信阳市信阳县（现为平桥区），因条索紧直锋尖，茸毛显露，又产于河南信阳，故取名“信阳毛尖”。信阳毛尖具有“细、圆、光、直、多白毫、香高、味浓、汤色绿”的独特风格，具有生津解渴、清心明目、提神醒脑、去腻消食等多种功效。

信阳毛尖茶场

信阳毛尖的驰名产地是五云（车云、集云、云雾、天云、连云五座山），两潭（黑龙潭、白龙潭），一山（震雷山），一寨（何家寨），一寺（灵山寺）。

信阳毛尖的采摘和制作工艺非常讲究，采摘是制好毛尖的第一关。一般自四月中、下旬开采，分 20 ～ 25 批次采，每隔 2 ～ 3 天巡回采一次。芽叶采下，分级验收，分级摊放，分别炒制。

信阳毛尖茶树特写

信阳毛尖茶汤

信阳毛尖的色、香、味、形均有独特个性，其颜色鲜润、干净，不含杂质，香气高雅、清新，味道鲜爽、醇香、回甘，外形细秀匀直，显峰苗，白毫遍布。特级品展开呈一芽一叶初展。

信阳毛尖干茶

第二节　烘青绿茶

烘青绿茶是用烘笼进行烘干的，烘青毛茶经再加工精制后大部分作熏制花茶的茶坯，香气一般不及炒青高，少数烘青名茶品质特优。以其外形亦可分为条形茶、尖形茶、片形茶、针形茶等。其主要有黄山毛峰、太平猴魁、六安瓜片、敬亭绿雪、天山绿茶、顾渚紫笋、江山绿牡丹、峨眉毛峰、金水翠峰、峡州碧峰、南糯白毫等。

一、黄山毛峰

黄山毛峰因产于安徽省黄山（徽州）一带，所以又称徽茶。每年清明谷雨，选摘初展肥壮嫩芽，手工炒制，该茶外形微卷，状似雀舌，绿中泛黄，银毫显露，且带有金黄色鱼叶（俗称黄金片）。入杯冲泡，雾气结顶，汤色清碧微黄，叶底黄绿有活力，滋味醇甘，香气如兰，韵味深长。由于新制茶叶白毫披身，芽尖峰芒，且鲜叶采自黄山高峰，遂将该茶取名为黄山毛峰。

黄山毛峰起源于清光绪年间（1875 年前后），当时有位歙县茶商谢正安（字静和）开办了“谢裕泰”茶行，为了迎合市场需求，在清明前后，亲自率人到黄山充川、汤口等高山名园选采肥嫩芽叶，经过精细炒焙，创制了风味俱佳的优质茶。

黄山毛峰茶场

安徽黄山

特级黄山毛峰开采于清明前后，1～3级黄山毛峰在谷雨前后采制。采回来的芽头和鲜叶还要进行选剔，剔除冻伤叶和病虫危害叶，拣出不符合标准要求的叶、梗和茶果，以保证芽叶质量匀净。然后将不同嫩度的鲜叶分开摊放，散失部分水分。为了保质保鲜，要求上午采，下午制；下午采，当夜制。黄山毛峰的制造分采摘、杀青、揉捻、干燥烘焙四

黄山毛峰干茶

道工序。黄山毛峰的品质特征是：外形细扁稍卷曲，状如雀舌披银毫，汤色清澈带杏黄，香气持久似白兰。可用八个字概括：香高、味醇、汤清、色润。

特级黄山毛峰堪称中国毛峰之极品，又称“叶笋”或“金片”。其外形美观，每片茶叶约半寸，绿中略泛微黄，色泽油润光亮，尖芽紧偎叶中，酷似雀舌，全身白色细绒毫，匀齐壮实，峰显毫露，色如象牙，鱼叶金黄；清香高长，汤色清澈，滋味鲜浓、醇厚、甘甜，叶底嫩黄，肥壮成朵。其中“金黄片”和“象牙色”是特级黄山毛峰与其他毛峰不同的两大明显特征。

黄山毛峰茶汤

二、六安瓜片

驰名中外的安徽绿茶——六安瓜片，又名齐山云雾，属烘青绿茶。采自当地特有品种，经扳片、剔去嫩芽及茶梗，通过独特的传统加工工艺制成的形似瓜子的片形茶叶。在世界所有茶叶中，六安瓜片是唯一无芽无梗的茶叶，由单片生叶制成。六安瓜片每逢谷雨前后十天之内采摘，采摘时取二三叶，求“壮”不求“嫩”。早在唐代，《茶经》就有“庐州六安（茶）”之称。据历史记载，明清年间六安茶最为昌盛。

六安瓜片产于六安市裕安区及金寨、霍山两县之毗邻山区和低山丘陵，分内山瓜片和外山瓜片两个产区。内山瓜片产地有金寨县的响洪甸、鲜花岭、龚店；六安市裕安区三岔村、沙家湾村、双峰、龙门冲、独山；霍山县的诸佛庵一带。外山瓜片产地有六安市的石板冲、石婆店安冲以北的区域、狮子岗、骆家庵一带。产量以六安最多，品质以金寨齐山村最优。瓜片原产地齐头山一带，旧时为六安管辖，现属金寨县。齐头山所产“齐山云雾”为六安瓜片之极品。

六安瓜片茶场

六安瓜片的采制技术，与其他名茶不同。春茶于谷雨前后开园，新梢要形成“开面”，茶草采回后及时扳片，将嫩叶（未开面）、老叶（已开面）分离出来炒制瓜片，芽、茎梗和粗老叶炒制“针把子”，作副产品处理。

六安瓜片鲜叶

去芽不仅保持单片形体，且无青草味；梗在制作过程中已木质化，剔除后，可确保茶味浓而不苦，香而不涩。

六安瓜片的外形，似瓜子形的单片，自然平展，叶缘微翘，色泽宝绿，大小匀整，不含芽尖、茶梗，清香高爽，滋味鲜醇回甘，汤色清澈透亮，叶底绿嫩明亮。过去根据采制季节，分成两个品种：谷雨前提采的称“提片”，品质最优；其后采制的大宗产品称“梅片”。

六安瓜片干茶

六安瓜片茶汤

茶叶单片不带梗芽，色泽宝绿，起润有霜，形成汤色澄明绿亮、香气清高、回味悠长等特有品质。正因为如此，六安瓜片茶既是消暑解渴的饮品，又是清心明目、提神消乏的良药，更是消食、解毒、美容、去疲劳的保健佳品，还能够改善消化不良，由细菌引起的急性腹泻，喝一点六安瓜片可减轻病况。

六安瓜片叶底

三、太平猴魁

太平猴魁是一种汉族传统名茶，中国历史名茶之一，属于绿茶类尖茶，创制于 1900 年，曾出现在非官方评选的“十大名茶”系列中。太平猴魁产于安徽省黄山市北麓的黄山区（原太平县）新明、龙门、三口一带，尤以新明猴坑高山茶园所采制的尖茶品质最优。

太平猴魁茶叶原料选用安徽省省级良种茶树“柿大茶”制作加工，鲜叶采摘要在晴天进行，雨天一般不采。“拣尖”过程，也是鲜叶摊放过程。短时间摊放，实际上是一种轻度萎凋，使叶片少量失水，便于杀青，同时也有利于内含物的转化，对猴魁香气、滋味的形成起到一定的作用。太平猴魁制造分杀青、毛烘、足烘、复焙四道工序。

太平猴魁外形两叶抱芽，扁平挺直，自然舒展，白毫隐伏，有“猴魁两头尖，不散不翘不卷边”之称。叶色苍绿匀润，叶脉绿中隐红，俗称“红丝线”；兰香高爽，滋味醇厚回甘，有独特的韵味，汤色清绿明澈，叶底嫩绿匀亮，芽叶成朵肥壮。

太平猴魁干茶

太平猴魁茶叶性味甘、苦、微寒，是我国传统的天然保健饮料。人们已经发现茶叶中所含的化学成分达500多种，其中主要成分有咖啡因、茶多酚、蛋白质、氨基酸、糖类、维生素、脂质、有机酸等有机化合物，还含有钾、钠、镁、铜等28种无机营养元素，各种化学成分之间的组合比例十分协调。

太平猴魁储存方法：把茶叶放入冰箱之前，要先把茶叶放在干燥、无异味并且可以密封的盛器瓶内，然后再将盛器瓶放在冰箱的冷藏柜中，冷藏柜的温度最好调在5摄氏度以下。如果茶叶打算在半年内喝完，温度控制在0～5摄氏度最省电；如果想长时间保存，就把冷藏柜的温度调到－18～－10摄氏度。而且用冰箱保存时，尽量与其他食物分开存放。保存时间越久的太平猴魁茶味就会越淡。一般建议太平猴魁的保存时间最好在两年之内。

四、敬亭绿雪

敬亭绿雪是一种汉族传统名茶，其历史悠久，品味独特，为绿茶中的珍品，以其芽叶色绿、白毫似雪而得名。明清时期曾被列为贡茶，是安徽省最早的名茶之一，产于安徽省宣城市北敬亭山。

宣州产的茶叶以“敬亭绿雪”“高峰云雾”和“水东横纹”闻名，其中以“敬亭绿雪”最为著名。“敬亭绿雪”久负盛名，《宣城县志》上记载有：“明、清之间，每年进贡300斤。”清康熙年间（1662—1722年），宣城诗人施润章在京都翰林院修明史，饮敬亭绿雪后即作诗赞：“馥馥如花乳，湛湛如云液……枝枝经手摘，贵真不贵多。”

敬亭绿雪的制造分杀青、做形、烘干三道工序。

敬亭绿雪茶园

敬亭山区，岩谷幽深，山石重叠，云蒸雾蔚，日照短，漫射光多，气候温和湿润，茶园多分布于山坞之中，竹木荫浓，阳光遮蔽，乌沙土肥沃疏松，茶树枝条生长繁茂，芽叶肥壮鲜嫩。成茶外形色泽翠绿，全身白毫似雪；形如雀舌，挺直饱润；芽叶相合，不离不脱；朵朵匀净，宛如兰花；汤色清碧，叶底细嫩；回味爽口，香郁甘甜。连续冲泡两三次香味不减。

敬亭绿雪分特级、一级、二级、三级共四个等级。因小环境而异，干茶呈板栗香型、兰花香型或金银花香型。饮评者有诗赞誉：“形似雀舌露白毫，翠绿匀嫩香气高。滋味醇和沁肺腑，沸泉明瓷雪花飘。”

五、天山绿茶

天山绿茶为福建烘青绿茶中的极品名茶，原产于西乡天山冈下章后的中天山、铁坪坑和际头的梨坪村。主产地从无坪山的“中心葫”延伸，东接章后，西连际头，南达留田，北至芹屿，分布在里、中、外天山，方圆约十公里，近百个村落。

天山绿茶素以“三绿”著称，即色泽翠绿、汤色碧绿、叶底嫩绿。其外形条索紧细、匀整、翠绿，锋苗挺秀，茸毛特多；香似珠兰，清雅持久，滋味浓厚回甘；汤色清澈明亮。该茶很耐冲泡，泡饮三四次以后，余香犹存。

六、顾渚紫笋

顾渚紫笋，因其鲜茶芽叶微紫，嫩叶背卷似笋壳，故而得名。该茶产于浙江省湖州市长兴县水口乡顾渚山一带，是上品贡茶中的“老前辈”，早在唐代便被茶圣陆羽论为“茶中第一”。在唐朝广德年间开始进贡，正式成为贡茶。那时因紫笋茶的品质优良，还被朝廷选为祭祀宗庙用茶。当时的皇室规定，紫笋贡茶分为五等，第一批茶必须确保“清明”前抵达长安，以祭祀宗庙，这第一批进贡的茶就被称为“急程茶”。

湖州的当地官员为了赶制急程茶，每年立春前后就要进山，进行全程监督，以保证按期保质地完成任务。当时的交通极不方便，从湖州到长安，相距约 2000 千米，为了确保贡茶如期送到，送茶队伍常常在清明前 10 天就起程。曾经就有一个叫裴充的湖州刺史，因没有将急程茶按期送到而被撤职。

顾渚紫笋的工艺特点：每年清明节前至谷雨期间，采摘一芽一叶或一芽二叶初展，经摊青、杀青、理条、摊凉、初烘、复烘等工序制成。顾渚紫笋鲜叶极为幼嫩，标准为一芽一叶初展，炒制 0.5 千克干茶，芽叶多达 3.6 万个左右。鲜叶采回后，需经 5～6 小时摊放，待含水量降至 72% 左右、发出清香时炒制。

杀青在锅中进行，要求杀匀杀透。杀青叶出锅后，进行摊凉，再入锅炒干整形，最后烘干至含水量5%左右时下烘，稍经摊凉，包装收藏。该茶是半炒烘类型，既用锅炒，又用烘焙，因而外形紧结，又较完整。香气馥郁，汤色清澈，茶味鲜醇而回味甘甜。

极品紫笋茶叶相抱似笋；上等茶芽挺、嫩，叶稍长，形似兰花。成品茶叶特征为白毫显露，芽叶完整，长短均匀，形如银针，外形细嫩紧结，色泽绿翠，香气浓强，滋味鲜醇，汤色淡绿明亮，叶底细嫩，很有特色。该茶有“青翠芳馨，嗅之醉人，啜之赏心”之誉。该茶叶中的茶多酚和维生素C都有活血化瘀，防止动脉硬化的作用。所以经常饮该茶的人当中，高血压和冠心病的发病率较低。

七、庐山云雾茶

庐山云雾茶是汉族传统名茶，古称“闻林茶”，中国十大名茶之一。庐山云雾茶始于汉朝，宋代时被列为“贡茶”，从明朝起始称云雾，至少已有300多年历史，因产自中国江西省九江市的庐山而得名。有诗赞曰：“庐山云雾茶，味浓性泼辣，若得长时饮，延年益寿法。”其素来以“味醇、色秀、香馨、汤清”享有盛名。

庐山种茶，历史悠久。远在汉朝，这里已有茶树种植。据《庐山志》记载，东汉时，庐山梵宫寺院多至300余座，僧侣云集。在白云深处，劈崖填峪，栽种茶树，采制茶叶。东晋时庐山已成为佛教中心之一，据载，当时名僧慧远，在山上居住30余年，聚集僧徒，讲授佛学，在山中发展种茶。唐朝时庐山茶已很著名。云雾茶尤以五老峰与汉阳峰之间，因终日云雾不散，茶叶品质最好。

庐山云雾茶场风光

庐山梦幻云雾

庐山云雾茶由于长年饱受庐山流泉飞瀑的亲润、行云走雾的熏陶，从而形成其独特的品质：叶厚毫多、醇香甘润、富含营养、延年益寿，素有“色香幽细比兰花”之喻。

庐山云雾茶的采摘时间比其他茶叶稍晚，一般在谷雨之后至立夏之间开始采摘。采摘标准为一芽一叶初展，长度为3厘米左右，剔除紫芽、病虫害叶，采后摊于阴凉通风处，放置4～5小时后始进行炒制，经杀青、抖撒、揉捻、理条、搓条、提毫、烘干、拣剔等工序精制而成。

庐山云雾采茶图

云雾茶风味独特，由于受庐山凉爽多雾的气候及日光直射时间短等的影响，形成其芽壮叶肥，白毫显露，色翠汤清，滋味浓厚，香幽如兰，醇甘耐泡的特质。庐山云雾茶，其汤色清绿带黄，这是因为庐山云雾茶芽茶黄桐含量较高，叶再大一点的，汤色呈淡绿色。如果是夏茶或秋茶的话，则汤色微黄。

庐山云雾茶的高山茶茶气浓郁，不同的产区有不同的香味，最极品的是带兰茶香味的，以及在庐山五老峰茶场产的带板栗香味的。

庐山云雾干茶

第三节　晒青绿茶

晒青绿茶是用日光进行晒干的。20世纪50年代前，产区遍布云南、贵州、四川、广东、广西、湖南、湖北、陕西、河南等省、自治区。70年代后，晒青大量改为烘青或炒青。目前除云南、四川、陕西等省有一定产量外，其他产区产量甚微。晒青绿茶以云南大叶种的品质最好，称为“滇青”；其他如川青、黔青、桂青、鄂青等品质各有千秋，但不及滇青。

滇青，茶名，产于云南景谷、玉溪、文山、楚雄、红河等地区，用云南大叶种鲜叶制成，是中国晒青绿茶最优良的产品，是制造沱茶、普洱茶的优质原料。滇青品质特征：外形条索肥壮，有白毫，色泽深绿油润，香气高，汤色黄绿明亮，滋味浓醇，收敛性强，叶底肥厚。滇青产品分5级

10 等，毛茶经筛制后制成的散茶有春蕊、春芽、春尖和各级配茶，属滇青的优质产品。

第四节　蒸青绿茶

以蒸汽杀青是我国古代的杀青方法。唐朝时传至日本，相沿至今，而我国则自明代起即改为锅炒杀青。蒸青是利用蒸汽来破坏鲜叶中的酶活性，形成茶色泽深绿，茶汤浅绿和茶底青绿的“三绿”的品质特征，但香气较闷带青气，涩味也较重，不及锅炒青绿茶那样鲜爽。主要品种有恩施玉露，产于湖北恩施；中国煎茶，产于浙江。

一、恩施玉露

湖北著名绿茶，产于湖北恩施五峰山。恩施玉露属我国传统的绿茶品类——蒸青绿茶，主销日本，深受欢迎。鲜叶采摘十分讲究，要求一芽二叶，叶色浓绿，嫩度一致，芽长叶短，大小匀齐。制作分蒸青、透气摊凉、初干（毛火）、揉捻、复干（二毛火）、整形上光六道工序。蒸青是在蒸汽灶上进行，利用高温蒸汽进行杀青。蒸青后鲜叶要迅速扇凉。整形上光有两个操作过程，即悬手搓和定形上光。双手成圆筒状握住茶叶，顺一个方向进行搓转，利用搓转力，将茶叶旋转着抛出，随即用双手接住，继续搓旋，将茶条做成松针形，再用各种手法固定茶形，并使茶条光滑。品质特征：外形条索紧细挺直，匀齐光滑，状如松针，呈鲜绿豆色。汤色碧绿明亮，香气鲜爽，滋味清甜适口，叶底翠绿匀整。蒸青绿茶“茶绿、汤绿、叶底绿”的“三绿”特点十分突出。

恩施玉露采茶图

二、中国煎茶

煎茶是一种加工绿茶，先经熏蒸，然后将茶叶揉捻成为卷状，经过焙干制成。由于煎茶用蒸青的制作工艺，所以色泽更接近茶叶天然本色，更青绿一些。煎茶外观呈翡翠般的青绿色，口感甘甜、略有涩味。煎茶在日本是最受欢迎的绿茶种类之一。

煎茶法不知起于何时，是古代汉族劳动人民发明的制茶工艺，唐代陆羽《茶经》始有详细记载。“煎茶”这个词原先是表示制作食用茶的一道工序，即用水煮采集的嫩茶叶。茶东渡日本以后，蒸汽杀青技术在中国基本被淘汰了。炒青技术在中国绿茶生产中得以大行其道。所以“煎茶”这个词在中国也变得陌生起来。后来煎茶就逐渐被用来指代一个茶的品种了，即通过蒸汽杀青工艺而制作的绿茶。今天我们所说的煎茶，就是以蒸汽杀青制造而成的绿茶中的一种。

煎茶对茶叶的要求并不高，普通茶叶就可以制作煎茶，制法也不复杂，只要干燥茶叶，蒸青，揉捻成细卷状，再焙干。煎茶饮法也很简便，将沸水注入茶碗内，把煎茶放进去饮用就可以了。煎茶无论制或饮与抹茶流派复杂的工具、繁缛的礼节相比，都显得十分简洁。因此，人们常用“茶道与效率”“简练之美”这样的词汇来形容煎茶。同时，由于煎茶比抹茶更凝练，也是简练、自由、独立生活方式的象征。

经由蒸青、揉捻、焙干等程序制成的煎茶，叶片如翡翠般青绿细长、茶汤呈春季茶园般的青绿色泽，饱满的甘甜与清新畅快的茶香，和谐巧妙地平衡于内敛优雅的芬芳香气之中。

第三章

红茶的分类

清代以前，中国茶叶是以绿茶为主的。到清中期后红茶得以快速发展。清雍正年间（1773 年），崇安知县刘靖在《片刻余闲集》中记述了产于福建崇安的小种红茶："山之第九曲尽处有星村镇，为行家萃聚所。外有本省邵武，江西广信等处所产之茶，黑色红酒，土名江西乌，皆私售于星村各行。"

红茶根据外形的不同主要分为小种红茶、工夫红茶和红碎茶三大类。小种红茶有松香味，条形粗壮。工夫红茶条细而长，加工工序多，要精工细做，很费时间，所以叫"工夫红茶"。红碎茶外形为细小颗粒碎片，香气持久，滋味鲜爽。

第一节　小种红茶

一、正山小种

小种红茶是福建省的特产，有正山小种和外山小种之分。正山小种产于崇县星村乡桐木关一带，也称"桐木关小种"或"星村小种"。地处

正山小种干茶

武夷山脉北段，地势高峻，海拔1000～1500米，冬暖夏凉，年平均气温18摄氏度，年降雨量2000毫米左右，春夏之间，终日云雾缭绕，该地地质肥沃，因此茶叶繁茂，叶质肥厚嫩软。

正山小种茶是世界红茶的鼻祖。外形条索肥实，色泽乌润，泡水后汤色红浓，香气高长带松烟香，滋味醇厚，带有桂圆汤味。其成品茶外形紧结匀整，色泽铁青带褐，较油润，有天然花香，香不强烈，细而含蓄，味醇厚甘爽，汤色橙黄清明，叶底欠匀净，与其他茶拼配，能提高味感。

正山小种茶汤

正山小种叶底

二、 金骏眉

金骏眉是正山小种红茶的一个分支，金骏眉红茶的最大特点是，形状细长如眉，间杂金色毫尖，香气幽雅多变，既有传统的果香，又有显著的花香，还有蜜香、薯香、花香等韵味。其汤色较淡，金黄透亮，滋味特别甘鲜圆润，回味悠久。因为制作工艺麻烦，原料产自武夷山国家级自然保护区内方圆565平方千米的原生态茶，且完全选用芽头，手工采摘后由茶师精心制作，5斤左右的茶芽（50000粒左右茶芽）

金骏眉干茶

才能制成 1 斤左右的成品，所以算是顶级中的顶级红茶。

正宗的金骏眉外形条索紧秀，略显绒毛，隽茂、重实；色泽为金、黄、黑相间，色润；开汤汤色为金黄色，清澈有金圈；其香味似果、蜜、花、薯等综合香型；啜一口入喉，甘甜感顿生，滋味鲜活甘爽，高山韵显，喉韵悠长，沁人心脾，仿佛使人置身于森林幽谷之中；杯底冷、热、温，不同时嗅之，底香持久、变幻令人遐想，连泡 12 次，口感仍然饱满甘甜；叶底舒展后，芽尖鲜活，秀挺亮丽，叶色呈古铜色。

第二节　工夫红茶

工夫红茶是中国传统茶类，产地较广，分布各主要产茶省。至今中国生产的工夫红茶按产地可分为：祁红工夫茶（主产区安徽祁门）、苏红工夫茶（主产区江苏宜兴）、越红工夫茶（主产区浙江绍兴）、闽红工夫茶（主产区福建福安）、浮红工夫茶（主产区江西浮梁）、宁红工夫茶（主产区江西修水）、宜红工夫茶（主产区湖北五峰）、湖红工夫茶（主产区湖南安化）、粤红工夫茶（主产区广东高鹤）、川红工夫茶（主产区四川宜宾）、滇红工夫茶（主产区云南凤庆）、黔红工夫茶（主产区贵州湄潭）等。工夫红茶原料细嫩，制工精细，外形条索紧直，匀齐，色泽乌润，香气浓郁，滋味醇和而甘浓，叶底红艳明亮，具有形质兼优的品质特征。

一、祁红

祁门红茶，中国历史名茶，著名红茶精品，简称祁红。由安徽省汉族茶农创制于光绪年间，但史籍记载最早可追溯至唐朝陆羽的《茶经》。产于安徽省祁门、东至、贵池（今池州市）、石台、黟县，以及江西的浮梁一带。“祁红特绝群芳最，清誉高香不二门。”祁门红茶是红茶中的极品，享有盛誉，是英国女王和王室的至爱饮品，高香美誉，香名远播，赞美称“群芳最”“红茶皇后”。

祁门地处安徽南端，黄山支脉由东向西环绕，西北有大洪岭和历山，东有楠木岭，南有榉根岭，山地面积占总面积的 90%，平均海拔高度为 600 米左右，茶园 80% 左右分布在海拔 100 ～ 350 米的峡谷地带，森林面积占 80% 以上，温暖湿润，土层深厚，雨量充沛，常有云雾缭绕，且日照时间较短，构成茶树生长的天然佳境，加之当地茶树的主体品种——槠叶种内含物丰富，酶活性高，很适合于工夫红茶的制造，由此酿成“祁红”特殊的芳香厚味。

祁门红茶茶园

祁红的采摘标准十分严格，高档茶以一芽一叶、一芽二叶原料为主，分批多次留叶采，春茶采摘 6 ～ 7 批，夏茶采 6 批，秋茶少采或不采。

精制加工后的祁红茶，外形条索紧结、细小如眉，苗秀显毫，色泽乌润；茶叶香气清香持久，似果香又似兰花香，国际茶市上把这种香气专门叫作“祁门香”；茶叶汤色和叶底颜色红艳明亮，口感鲜醇甘厚。清饮最能品味祁红的隽永香气，即使添加鲜奶亦不失其香醇，反而更加馥郁。

祁门红茶干茶

祁门红茶叶底

祁门红茶茶汤

二、滇红

滇红工夫茶，属于大叶种类型的工夫茶，是中国工夫红茶的新葩，主产云南的临沧、保山等地，外形条索紧结，肥硕雄壮，干茶色泽乌润，金毫特显，内质汤色艳亮，香气鲜郁高长，滋味浓厚鲜爽，富有刺激性。叶底红匀嫩亮，国内独具一格，是举世欢迎的工夫红茶。

机制茶之父、滇红创始人冯绍裘

滇红工夫茶属于发酵茶，滇红制作工艺从采摘到制成成品茶需要经过初制和精制两个步骤。滇红工夫茶采用云南大叶种茶树鲜叶为原料，整个制作过程基本都以手工操作为主，滇红工夫茶才得以有这得天独厚的产品优势。

云南大叶种茶树

滇红工夫茶因采制时期不同，其品质具有季节性变化，一般春茶比夏、秋茶好。春茶条索肥硕，身骨重实，净度好，叶底嫩匀。夏茶正值雨季，芽叶生长快，节间长，虽芽毫显露，但净度较低，叶底稍显硬、杂。秋茶正处干凉季节，茶树生长代谢作用转弱，成茶身骨轻，净度低，嫩度不及春、夏茶。

滇红工夫茶干茶

滇红工夫茶茸毫显露为其品质特点之一。其毫色可分淡黄、菊黄、金黄等。凤庆、云县、昌宁等地工夫茶，毫色多呈菊黄，勐海、双江、临沧、普文等地工夫茶，毫色多呈金黄。同一茶园春季采制的一般毫色较浅，多呈淡黄，夏茶毫色多呈菊黄，唯秋茶多呈金黄色。

滇红工夫茶内质香郁味浓。香气以滇西茶区的云县、凤庆、昌宁为好，尤其是云县部分地区所产的工夫茶，香气高长，且带有花香。滇南茶区工夫茶滋味浓厚，刺激性较强；滇西茶区工夫茶滋味醇厚，刺激性稍弱，但回味鲜爽。

滇红叶底

红茶茶叶

三、川红

川红工夫茶产于四川省宜宾等地，是20世纪50年代产生的工夫红茶。60多年来，川红的代表有“林湖”“宫殿”“节日之夜”等产品。其具备紧细圆直，毫锋披露，色泽乌润，内质香高味浓的优良品质。

川红工夫茶

川红工夫茶产于川东南地区，即长江流域以南边缘地带，包括宜宾、江律、内江、涪陵四个地区及重庆、自贡两市所属部分地区。这里茶树发芽早，比川西茶区早39～40天，采摘期长40～60天，全年采摘期长达210天。秋茶产量占全年的26～30%。

川红工夫茶外形条索肥壮圆紧、显金毫，色泽乌黑油润，内质香气清鲜带橘糖香，滋味醇厚鲜爽，汤色浓亮，叶底厚软红匀。川红问世以来，在国际市场上享有较高声誉，畅销俄罗斯、法国、英国、德国及罗马尼亚等国，堪称中国工夫红茶的后起之秀。

川红工夫茶茶汤

2013年6月6—8日，“2013年《财富》全球论坛”首次在成都举行。在“把四川名片递给世界500强”评选活动中，经大众推荐和专家权威评审，选出了22个最具代表性的产品为“四川名片”。其中，茶叶产品3个，宜宾川红茶业集团生产的“川红工夫红茶”荣登金榜，这是宜宾唯一一个代表“四川名片”的产品。

四、闽红

闽红，即福建红茶，产于山岭重叠、丘陵起伏、气候温和、雨量充沛的福建省政和县、福鼎县和福安县。在名茶辈出的八闽大地，同样有着尊贵身份的它，因为种种历史原因，无奈沉寂多时，市场认知度不能与铁观音、武夷岩茶同日而语。不过，随着人们对红茶文化的关注，福建红茶再次焕发出青春，并通过异域后辈们的虔诚学习，重新展示给世人。

闽红工夫茶是政和工夫茶、坦洋工夫茶、白琳工夫茶的统称，均系福建特产。三种工夫茶产地不同、品种不同、品质风格不同，但各自拥有自己的消费爱好者，盛兴百年而不衰。政和工夫茶产于闽北，以南平市的政和县为主，松溪以及浙江的庆元地区所产的红毛茶，亦集中政和加工。政和工夫茶按品种分为大茶、小茶两种：大茶是用政和大白茶制成，是闽红三大工夫茶的上品，外形条索紧结、肥状多毫，色泽乌润，内质汤色红浓，滋味浓厚，叶底肥状尚红。小茶是用小叶种制成，条索细紧，香似祁红，但欠持久，汤稍浅、味醇和，叶底红匀。其主要产于福安、拓荣、寿宁、霞浦及屏南北部等地。坦洋工夫茶外形细长匀整，带白毫、色泽乌黑有光，内质香味清鲜甜和，汤鲜艳呈金黄色，叶底红匀光滑。其中坦洋、帮宁、周宁山区所产工夫茶、香味醇厚，条索较为肥壮，东南临海的霞浦一带所产工夫茶色泽鲜亮，条形秀丽。白琳工夫茶产于福鼎太姥山白琳、湖林一带。一般的白琳工夫茶，外形条索细长弯曲，茸毫多叶，颗粒为绒球状，色泽黄黑，内质汤色浅亮，香气鲜纯有毫香，味清鲜甜和，叶底鲜红带黄。

第三节　红　碎　茶

红碎茶是国际茶叶市场的大宗产品，目前占国际茶叶贸易总量的 80% 左右，有百年的产销历史。19 世纪中期，中国红茶生产传到印度，早期生产类似中国工夫红茶的产品。1876 年发明揉切机，生产分级红茶，产品分叶茶、碎茶、片茶、末茶四类，其中碎茶为主要产品。

中国从 20 世纪 60 年代开始，引进国外技术生产红碎茶，主要产区在海南、云南、广东、广西、湖南、四川、贵州等省、自治区。目前制法与产品基本上和世界各茶叶生产国相似，但由于自然条件制约，产品质量从整体上来说，在国际茶市场缺乏竞争力。

第四章

青茶的分类

青茶按产地分为闽北乌龙茶、闽南乌龙茶、广东乌龙茶和台湾乌龙茶四大类。

第一节　闽北乌龙茶

闽北乌龙茶做青时发酵程度较重，干茶色泽较乌润，香气为熟香型，汤色橙黄明亮，叶底三红七绿，红镶边明显。

闽北乌龙茶根据品种和产地不同，有武夷岩茶、闽北乌龙与闽北水仙。武夷岩茶又包含武夷水仙、武夷肉桂、武夷奇种、名种（乌龙、梅占、观音、雪梨、奇兰、佛手等）、普通名枞（金柳条、金锁匙、千里香、不知春等）、名岩名枞（大红袍、白鸡冠、水金龟、铁罗汉、半天腰等）。

一、武夷岩茶

闽北乌龙茶以武夷岩茶为代表。产于武夷山的乌龙茶，均称为武夷岩茶。因产茶地点不同，又分为正岩茶、半岩茶、洲茶。正岩茶指武夷岩中心地带所产的茶叶，其品质高味醇厚，岩韵特显。半岩茶指武夷山边缘地带所产的茶叶，其岩韵略逊于正岩茶。洲茶泛指靠武夷岩两岸所产的茶叶，品质又低一筹。采自正岩的称“奇种”，采自偏岩的称“名种”，在正岩中选择部分优良茶树单株采制的，品质在奇种之上的，称“单丛”。名岩专选一两株品质特优的茶树单株采制的，称“名丛”。著名的四大名丛有大红袍、铁罗汉、白鸡冠、水金龟。

武夷山岩茶园

武夷岩茶属半发酵茶，制作方法介于绿茶与红茶之间。武夷岩茶条形壮结、匀整，色泽绿褐鲜润，冲泡后茶汤呈深橙黄色，清澈艳丽；叶底软亮，叶缘朱红，叶心淡绿带黄；兼有红茶的甘醇、绿茶的清香；茶性和而不寒，久藏不坏，香久益清，味久益醇。泡饮时常用小壶小杯，因其香味浓郁，冲泡五六次后余韵犹存。

其采摘时间一般在每年的 4 月底到 5 月中旬。采摘武夷春茶一般在谷雨后立夏之前，夏茶采于夏季，秋茶采于立秋以后。

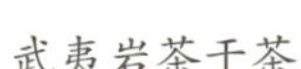

武夷岩茶干茶

武夷岩茶茶汤

（一）武夷大红袍

武夷山大红袍产于福建省武夷山，以精湛的工艺特制而成。成品茶香气浓郁，滋味醇厚，有明显岩韵特征，饮后齿颊留香，被誉为“武夷茶王”。大红袍茶树为灌木型千年古树，九龙窠陡峭绝壁上仅存 6 株，产量稀少，被视为稀世之珍。是国家一级保护植物，茶叶产量每年不足 1 千克。

从 2006 年起，国家有关部门对母树大红袍停止采摘进行留养，最后一次采制的产品已收藏于故宫博物院。茶叶工作者采用无性繁殖的方式培育大红袍茶树取得成功，其品质保持了原母树优异、独特的风格。

大红袍母树生长在九龙窠内的一座陡峭的岩壁上。茶树所处的峭壁上，有一条狭长的岩罅，岩顶终年有泉水自罅滴落。泉水中附有苔藓之类的有机物，因而土壤较他处润泽肥沃。

九龙窠大红袍母树

武夷岩茶工艺独到，特别是大红袍制作工艺复杂，时间冗长。传统的工艺有倒（也叫晒）、晾、摇、抖、撞、炒、揉、初焙、簸、捡、复火、分筛、归堆、拼配等十多道工序。关键的制茶师傅要会“看青做青”“看天做青”。而市面上买到的大红袍已经是经过十几代的接枝，价格亦不便宜。这些大红袍根据茶青产地不同，分为：正岩，即茶青采自武夷山风景名胜区，品质最好；半岩，即采自武夷山风景名胜区周边；洲茶，即采自武夷山风景名胜区附近的乡镇。

大红袍茶树

武夷大红袍茶叶的外形条索紧结，色泽绿褐鲜润，冲泡后汤色橙黄明亮，叶片红绿相间，典型的叶片有绿叶红镶边之美感。大红袍品质最突出之处是香气馥郁，有兰花香，香高而持久，岩韵明显。大红袍很耐冲泡，冲泡七八次仍有香味。品饮大红袍茶，必须按工夫茶小壶小杯细品慢饮的程式，才能真正品尝到岩茶之巅的韵味。

武夷大红袍干茶

大红袍茶汤

武夷大红袍叶底

（二）肉桂

武夷肉桂是中国十大名茶之一，《崇安县新志》记载，茶名起源于清代。武夷肉桂是以肉桂良种茶树鲜叶、用武夷岩茶的制作方法而制成的乌龙茶，为武夷岩茶中的高香品种。

武夷肉桂香气滋味似桂皮香，因此称“肉桂”。武夷肉桂成茶外形紧结，呈青褐色，汤气香味刺鼻，有防癌、防辐射、抗衰老的功效，肉桂外形条索匀整卷曲；色泽褐绿，油润有光；干茶嗅之有甜香，冲泡后的茶汤，特具奶油、花果、桂皮般的香气；入口醇厚回甘，咽后齿颊留香，茶汤橙黄清澈，叶底匀亮，呈淡绿底红镶边，冲泡六七次仍有岩韵的肉桂香。

（三）武夷奇兰

武夷奇兰是20世纪90年代从闽南平和引进的品种，经过十余年的进化已融入武夷山茶种类，再按武夷山岩茶的制作工艺进行制作，形成了现在的武夷奇兰。

干茶外形：色泽乌润褐绿，条索紧结匀整。汤色：橙黄明亮。香气：有蜜糖香、兰花香。虽然与老丛水仙、肉桂相比，奇兰茶水相对较淡薄，香高欠醇厚，但却是初尝岩茶者的首选启蒙茶。

武夷奇兰按焙火工艺不同分为三种：第一种是香气浓郁，有点霸道，俗称霸气，入口后香气满腔，回甘特好，经喉咙而落入腹中，十分舒畅，感觉很好；第二种清火奇兰的香气则不如第一种那么霸道；第三种武夷奇兰是中火奇兰，是第二种武夷奇兰的再焙火，这种中火奇兰经过焙火后，味道已转变了，入口有了些许的焦苦味，但茶香气味浑厚深长得多了，回甘也是这样，只是不像清火奇兰一样香气外扬。

（四）铁罗汉

铁罗汉，武夷传统四大珍贵名枞之一，无性系，灌木型，中叶类、中生种、二倍体。原产于福建省武夷山市慧苑岩的内鬼洞（亦称峰窠坑），两旁悬崖峭壁，铁罗汉树植于一狭长地带的小溪涧旁（竹窠岩长窠内亦有与此齐名之树）。相传宋代已有铁罗汉名，为最早的武夷名枞。武夷岩铁罗汉具有绿铁罗汉之清香、红铁罗汉之甘醇，是中国乌龙铁罗汉中的极品。

铁罗汉属半发酵茶，制作方法介于绿铁罗汉与红铁罗汉之间。由于铁罗汉树长在岩石间，使得它的成分及滋味有别于其他茶种，从元明以来为历代皇室贡品。其单丛加工，品质特优的“名丛”，各道工序全部由手工操作，以精湛的工艺特制而成，成品铁罗汉香气浓郁。

“铁罗汉”茶的采制技术与其他岩茶相类似，只不过更加精细而已。每年春天，采摘 3 ～ 4 叶开面新梢，经晒青、凉青、做青、炒青、初揉、复炒、复揉、走水焙、簸拣、摊凉、拣剔、复焙、再簸拣、补火而制成。“铁罗汉”的品质特征是：外形条索紧结，色泽绿褐鲜润，冲泡后汤色橙黄明亮，叶片红绿相间，典型的叶片有绿叶红镶边之美感。铁罗汉品质最突出之处是香气馥郁，有兰花香，香高而持久，岩韵明显。

铁罗汉很耐冲泡，冲泡七八次仍有香味。品饮铁罗汉茶，跟品饮大红袍茶一样，必须按工夫茶的程式，才能真正品尝到其韵味。

二、闽北水仙

闽北水仙，是乌龙茶类的上乘佳品。闽北水仙茶是闽北乌龙茶中两个花色品种之一，品质别具一格，“水仙茶质美而味厚”（《建瓯县志》1929 年）“果奇香为诸茶冠”。水仙品种，适制乌龙茶，发源于福建建阳小湖乡大湖村的严义山祝仙洞。

该茶始产于百余年前的闽北建阳县水吉乡大湖村一带，现主要产区为建欧、建阳两县，地域毗连，群山起伏，云雾缭绕，溪流纵横，竹木苍翠；年均气温 19.9 摄氏度；年降水量 1600 毫米以上，相对湿度 80% 左右；土地肥沃，土层深厚疏松，有机质含量高，富含磷、钙、镁等矿物质，酸碱度适宜。所植水仙品种茶树为无性系良种，属于中叶种小乔木型，主骨明显，枝条粗壮，呈椭圆形，叶肉厚，表面革质有油光，嫩梢长而肥壮，芽叶透黄绿色。闽北水仙高香耐泡，一泡可泡七八次。

水仙

采制工艺与茶质：春茶于每年谷雨前后采摘驻芽第三四叶，经萎凋、做青、杀青、揉捻、初焙、包揉、足火等工序制成毛茶。由于水仙叶肉肥厚，做青须根据叶厚水多的特点以“轻摇薄摊，摇做结合”的方法灵活操作。包揉工序为做好水仙茶外形的重要工序，揉至适度，最后以文火烘焙至足干。

闽北水仙成茶条索紧结沉重，叶端扭曲，色泽油润暗沙绿，呈“蜻蜓头，青蛙腿”状；香气浓郁，具兰花清香，滋味醇厚回甘，汤色清澈，叶底厚软黄亮，叶缘朱砂绥边或红占，即“三红七青”。

水仙叶底

第二节　闽南乌龙茶

闽南乌龙茶主产于福建南部安溪、永春、南安、同安等地，茶鲜叶经晒青、晾青、做青、杀青、揉捻、毛火、包揉、再干制成，主要品种有铁观音、黄金桂、奇兰、闽南水仙、永春佛手及闽南色种。

闽南茶区，气候温和，雨量充沛，茶树生长期长，一年可采四五季，即春茶、夏茶、暑茶、秋茶和冬片。具体采摘期因品种、气候、海拔、施肥等条件不同而有差异。一般采摘期，春茶在谷雨前后，夏茶在夏至前后，暑茶在立秋前后，秋茶在秋分前后，冬片在霜降前后。各茶季的采摘间隔期为 40 ～ 50 天。

一、 安溪铁观音

铁观音是福建安溪汉族茶农于 1725—1735 年间开始制作的。其发源于安溪县西坪镇尧阳山麓（王说），是中国十大名茶之一，乌龙茶类的代表。其介于绿茶和红茶之间，属于半发酵茶类，铁观音独具“观音韵”，清香雅韵，“七泡余香溪月露，满心喜乐岭云涛 。”除具有一般茶叶的保健功能外，还具有抗衰老、抗癌症、抗动脉硬化、防治糖尿病、减肥健美、防治龋齿、清热降火，敌烟醒酒等功效。

正宗铁观音茶叶都产自福建省安溪县，也叫安溪铁观音。安溪铁观音最著名的三大主要产区是安溪西坪、祥华、感德三镇。

安溪铁观音茶场

安溪铁观音主产区在西部的“内安溪”，这里群山环抱，峰峦绵延，云雾缭绕，年平均气温 15 ～ 18 摄氏度，无霜期 260 ～ 324 天，年降雨量 1700 ～ 1900 毫米，相对湿度 78% 以上，有“四季有花常见雨，一冬无雪却闻雷”之谚。土质大部分为酸性红壤，pH 值为 4.5 ～ 5.6，土层深厚，特别适宜茶树生长。

铁观音采摘图

晒青铁观音

安溪铁观音干茶

铁观音是乌龙茶的极品，其品质特征是：茶条卷曲，肥壮圆结，沉重匀整，色泽砂绿，整体形状似蜻蜓头、螺旋体、青蛙腿。冲泡后汤色金黄浓艳似琥珀，有天然馥郁的兰花香，滋味醇厚甘鲜，回甘悠久，俗称有“音韵”。铁观音茶香高而持久，可谓“七泡有余香”。叶底枝身圆，梗皮红亮，叶柄宽肥厚（棕叶蒂），叶片肥厚软亮，叶面呈波状，称“绸缎面”。

安溪铁观音

二、黄金桂

黄金桂是以黄旦品种茶树嫩梢制成的乌龙茶，又称黄旦，因其汤色呈金黄色，有奇香似桂花，故名黄金桂。原产于安溪罗岩，于清咸丰年间（1850—1860 年）创制。叶片很薄，叶片未采摘时颜色就已经偏黄。在现有乌龙茶品种中是发芽最早的一种，制成的乌龙茶，香气特别高，所以在产区被称为“清明茶”“透天香”。一般为 4 月中旬采制，比一般品种早 10 余天，比铁观音早近 20 天。新梢发育形成驻芽后，顶叶呈小开面或中开面时采下二三叶。过嫩成茶香低味苦涩，过老则味淡薄，香粗次。其他与铁观音采摘要求相同，以午后 2 ～ 4 点采的叶料为最佳。

黄旦母树

外形条索细长尖梭且较松，体态较飘，不沉重，叶梗细小，色泽呈黄楠色、翠黄色或黄绿色，有光泽，有“黄、薄、细”之称。汤色金黄明亮或浅黄明澈。香气特高，带有水蜜桃香或梨香。叶底呈黄绿色，叶片先端稍突，呈狭长形，主脉浮现，叶片较薄，叶缘锯齿较浅。

黄金桂干茶

黄金桂叶底

第三节　广东乌龙茶

广东乌龙茶产区主要在广东东部的潮安县、饶平县、汕头市，主要产品有凤凰水仙、凤凰单枞、岭头单枞、饶平色种、石古坪乌龙、大叶奇兰、兴宁奇兰等。以潮安的凤凰单枞和饶平的岭头单枞最为著名。

一、凤凰水仙

凤凰水仙是产于广东潮安凤凰乡的条形乌龙茶，分单丛、浪菜、水仙三个级别。有天然花香，蜜韵，滋味浓、醇、爽、甘，耐冲泡。大部分植株分枝离地 20 ～ 40 厘米，叶多水平略向上生长。叶型大，呈长椭圆形或椭圆形，多数平展或略向叶面卷，色泽绿，有油光，或淡绿欠油光，先端多突尖，叶尖下垂，略似鸟嘴，因此当地农民称之为“鸟嘴茶”。

凤凰水仙干茶

凤凰水仙采摘十分严谨精巧，鲜叶要有一定成熟度，按适中一片片采摘；亦有“阳光太耀不采、清晨不采、沾雨水不采” 三诀。所以，多选在下午两点左右进行采摘。

凤凰水仙具有独特的天然花香，汤色澄明黄亮，碗内壁显金圈，滋味浓醇鲜爽，叶底匀齐，青叶镶红边。其泡茶方法也十分讲究，用特制精巧的宜兴小紫砂茶壶，用“若深珍藏”小瓷杯泡饮，茶多水少时间短。一泡闻其香；二泡尝其味；三泡饮其汤。

凤凰水仙茶汤

二、凤凰单枞名茶

“凤凰单枞”是从凤凰水仙群体中经过选育繁殖的优异单株，因采制是单株采收，单株制作，且品质优异，风味不同，故称为凤凰单枞。

现今凤凰单枞有八十多个品系（株系），有以叶片形态命名的，如山茄叶、橘子叶、竹叶、柿叶、柚叶等25种；有以花香命名的，如黄枝香、桂花香、米兰香、芝兰香、茉莉香、玉兰香、杏仁香、肉桂香、夜来香、暹朴香十大香型；有以树形命名的，如石堀种、娘伞种、金猴子、哈古捞种等15种；有以成茶外形命名的，如丝线茶、大骨贡、幼骨子、大叶乌、大白叶等26种；还有一些特殊命名，如宋种、接种、八仙过海、海底捞针、兄弟茶等。

凤凰单枞——芝兰

凤凰单枞——八仙过海

凤凰单枞——鸭屎

凤凰单枞——宋种

凤凰单枞——兄弟

凤凰单枞外形：条索壮直、紧结匀嫩，色泽灰褐具光泽。茶水酽香袭人，具有天然优雅花香，香味持久高强；滋味浓醇鲜爽回甘。汤色金黄似茶油，茶汤清澈，沿碗壁有金黄色彩圈。叶底肥厚软亮，绿叶红镶边。有特殊的山韵蜜味，八泡仍有余香；具有隔夜不馊的特点。

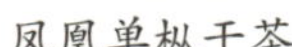

凤凰单枞干茶

凤凰单枞茶汤

凤凰单枞茶的采制，以特早熟种的白叶单枞最先开锣，在每年正月（农历正月廿五日）前后陆续开采直至清明左右，这是一种蜜兰春型的高档茶，有岭头单枞茶、乌东蜜兰香单枞、金奖工夫白叶茶等品种。毛茶制成后，再经过 10 天的精制，4 月初即可上市。

清明前后早熟种单枞开始采摘，有肉桂香单枞、金玉兰、蛤股捞等。单枞茶采制旺季在清明至谷雨期间，大部分老名枞茶都在这段时间采摘，有宋种 1 号、黄桅香 2 号、芝兰香及各种特殊香型茶。

三、岭头单枞

岭头单枞原产地在广东省饶平县坪西乡岭头村，主产区为饶平、潮安，揭东、揭西、普宁、澄海等地也有生产。

岭头单枞条索直条紧结微弯曲，色泽黄褐似鳝鱼皮，油润具光泽；茶汤具有明显的自然花蜜香韵，香气持久。滋味清爽甘滑，回甘。蜜味显现（蜜韵重），耐泡；汤色橙红、清澈、明亮；叶底叶质柔软，叶色绿黄，红边明显。

岭头单枞干茶

岭头单枞茶汤

春茶采摘时间为每年 3 月 28 日至 4 月 5 日前后，比其他品种茶早采 1～2 周。夏茶在 5 月下旬至 7 月初采摘，秋茶在 9 月下旬采摘，冬茶在 11 月中旬采摘。冬茶条索粗大，外形微弯曲，呈黄褐色，酷似鳝鱼色，气味飘香，滋味醇厚。

岭头单枞茶叶受潮，如不霉变，还是可以复原饮用的。茶叶一旦受潮，不能置于日光下暴晒，暴晒虽然可以去潮，但会产生“日晒味”，从而使茶叶失去原味，导致口感变差。

第四节　台湾乌龙茶

台湾乌龙茶源于福建，但是福建乌龙茶的制茶工艺传到台湾后有所改变，比较知名的有冻顶乌龙茶、金萱茶、梨山高冷茶。

冻顶乌龙茶俗称冻顶茶，是台湾知名度极高的茶。冻顶乌龙茶汤清爽怡人，汤色蜜绿带金黄，茶香清新典雅，喉韵回甘浓郁且持久，因香气独特据说是帝王级泡茶浴的佳品。

冻顶乌龙茶产自台湾鹿谷乡凤凰村、永隆村、彰雅村（冻顶巷）附近的冻顶山，茶区海拔 600～1000 米，在台湾最负盛名，被誉为“茶中圣品”，目前栽种面积约 20000 公顷。主要种植区鹿谷乡，年均气温 22 摄氏度，年降水量 2200 毫米，空气湿度较大，终年云雾笼罩。茶园为棕色高黏性土壤，杂有风化细软石，排、储水条件良好。

冻顶茶一年四季均可采摘，春茶采期从 3 月下旬至 5 月下旬，夏茶从 5 月下旬至 8 月下旬，秋茶在 8 月下旬至 9 月下旬，冬茶则在 10 月中旬至 11 月下旬。采摘未开展的一芽二三叶嫩梢。采摘时间以每天上午 10 时至下午 2 时为最佳，采后立即送工厂加工。

台湾冻顶乌龙开采图

传统上，冻顶乌龙茶发酵程度在 35% ～ 50%。冻顶乌龙属于轻度半发酵茶。冻顶为山名，乌龙为品种名。冻顶茶品质优异，在台湾茶市场上居于领先地位。冻顶乌龙茶成品外观有青蛙皮般灰白点，叶间卷曲成虾球状，色泽墨绿，有天然的清香气，边缘隐隐金黄色。冲泡时茶叶自然冲顶壶盖，汤色呈柳橙黄，味道醇厚甘润，带熟果香或桂花清香，喉韵回甘十足，带明显焙火韵味，饮后杯底不留残渣。其茶品质，以春茶最好，香高味浓，色艳；秋茶次之；夏茶品质较差。

冻顶乌龙干茶

冻顶乌龙叶底

冻顶乌龙茶汤

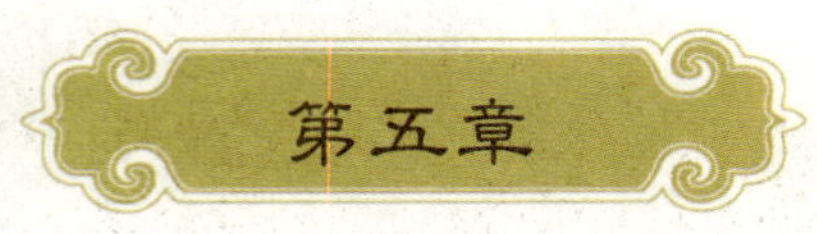

黑茶的分类

第一节 湖 南 黑 茶

湖南黑茶是指采用湖南雪峰山脉茶区的大叶种群体品种为原料，经杀青、揉捻、渥堆、松柴明火干燥四大工艺加工而成的具有干茶色泽黑褐油润、滋味醇和或微涩、汤色橙黄、略带独特松香等品质特征的黑毛茶和以其为原料精制加工而成的产品的总称，因产自中国湖南安化县而得名，是中国古代名茶之一，其特色的千两茶，堪称一绝。

安化黑茶起源于秦汉时期，渠江黑茶薄片，形状不一，源于安化县渠江镇。黑茶薄片又称为黑茶宗祖薄片，民间相传为张良所造，俗称“张良薄片”。汉代时黑茶薄片成为皇家贡茶，称为皇家薄片或渠江皇家薄片。安化县志和黑茶史料中记载唐皇以产地赐名，称为“渠江薄片”。

据《明史·食货志》记载：“神宗万历十三年（1585 年）中茶易马，惟汉中保宁，而湖南产茶，其直贱，商人率越境私贩私茶。”安化黑茶的制作历史可追溯到明朝。

安化黑茶之皇家薄片

明清两代是安化黑茶发展的黄金期，三十九铺等一批安化茶铺也走向无比辉煌，号称“十里一铺，黑茶传奇”的茶业盛世由此开启。

经过茶商和市场的长期甄选，安化黑茶逐渐兴盛起来。晋、陕、甘、鄂、湘等省籍商人，各成一行帮，来安化采购和制作黑茶。资本雄厚的晋、陕、甘茶商，还在安化建有楼阁，设立行帮组织和商业铺面。资江沿岸各处，都有人丁旺盛、商业繁荣的市井，如黄沙坪、酉州、严月琴、苞芷园、小淹、边江、唐家观、雅雀坪、东坪、桥口等地。道光元年（1820 年）以前，陕西商人驻益阳委托行栈汇款到安化定购黑茶，或以羊毛、皮袄换购，因资金较少而进货不多，人称“滚包商”。受托行栈雇人下乡采买茶叶原料，踩捆成包，以利运输。最初大小形状和重量不一，后来逐渐统一为小圆柱形，重约老秤 10 斤，称为“百两茶”。清同治年间，晋商“三和公”茶号在“百两茶”的基础上选用较佳原料，增加重量，用棕与篾捆压成圆柱形，每支净重 1000 两（16 两老秤合 37.27 公斤），称为“千两茶”，圆柱长约 5

尺（166.5 厘米），圆周 1.7 尺（56 厘米）。这种茶主要是晋商经营，又以籍贯不同分为“祁州卷”和“绛州卷”。“祁州卷”为山西祁县、榆次等地茶商经营，每支重 1000 两，产量较多；“绛州卷”为绛州茶商经营，每支重 1100 两，数量较少。另外，在“祁州卷”和“绛州卷”之外，有老牌本号加料绛州卷，品质最高，号称“卷王”，历史上产量极少。

正宗真品“安化黑茶”产地应在湖南益阳安化县。安化县位于湘中偏北，雪峰山脉北部，资水中游，是一个山区，东与桃江、宁乡接壤，南与涟源、新化毗邻，西与溆浦、沅陵交界，北与桃源、常德相连。其地理坐标介于东经 100° 43′ 07″ ～111° 58′ 51″ 、北纬 27° 58′ 54″ ～28° 38′ 37″ 之间。其东西长 123.764 千米，南北宽 73.461 千米，总面积 4950.25 平方千米，是湖南省第三大县。

安化茶场

安化黑茶主要分布在湖南省安化县内的小部分地区，即沿资江流向的马路、东坪、黄沙坪、酉州、江南、陈王、洞市、小淹等区域。这些地方的传统工艺制作，其流程及质量标准是相同的，大都为作坊式，只是生产规模有大小之分而已。

安化县地域东西长而南北短，地势自西南向东北倾斜，南北形成“V”字形，东西形成“W”字形。境内群山连片，丘、岗、平地分布零散，山体切割强烈，溪谷发育，水系密度大。这种高山坡地，可开辟成熟土，栽种茶树，建成茶园。县内土壤以板页岩风化发育的土地面积最广，约占总面积的 71.1%。茶园土质较好，酸碱度适宜，养分含量较高。茶园土壤以酸性和弱性为主，氮、钾等有机质含量丰富。

安化黑茶是采割下来的鲜叶经过杀青、初揉、渥堆、复揉、干燥五道工序制作而成。黑茶最具特色的工序是初制过程中的“渥堆”发酵工序及“松柴明火”干燥工序。如果没有这两大工序，就不能称为黑茶。大多数湖南黑茶现在仍然沿用传统的加工方法，技术性强，某些茶品的工艺世代沿袭，没有对外传授，这样，更使安化黑茶充满了某种神秘感。在安化黑茶的加工工序中，有很多细节是非常讲究的，如七星灶的烘烤法等。这只是黑毛茶的制作部分，后期还有精制工序，包括挑拣、装袋、控制温湿度来发花等。天尖经过七星灶的烘烤，使口感具有松香的味道。

安化黑茶

很多茶人都知道益阳茶厂的茯砖，其具备特别的风味。这是其他厂很难比拟的，其秘诀就在于精制过程。他们在 15 ～ 20 天的发酵时间里掌控了最佳的温湿度，这些精细的制作，如掌控拼配的比例、压制的松紧度、水分等使之形成了自己独特的风格。

安化黑茶条索卷折成泥鳅状，色泽黝黑，汤色橙黄，叶底黄褐，香味醇厚，具有松烟香。

安化黑茶茶汤

第二节　云南普洱茶

云南是世界茶树发源地，全国乃至全世界各种各样茶叶的根源大多在云南的普洱茶产区。普洱茶历史非常悠久，早在三千多年前武王伐纣时期，云南种茶先民濮人就已经献茶给周武王，只不过那时还没有普洱茶这个名称。

普洱茶马古道

普洱茶因产地旧属云南普洱府（今普洱市），故得名。现在泛指普洱茶区生产的茶，是以公认普洱茶区的云南大叶种晒青毛茶为原料，经过后发酵加工成的散茶和紧压茶。外形色泽褐红，内质汤色红浓明亮，香气独特陈香，滋味醇厚回甘，叶底褐红。“越陈越香”被公认为是普洱茶区别于其他茶类的最大特点。“香陈九畹芳兰气，品尽千年普洱情。”普洱茶是“可入口的古董”，不同于别的茶贵在新，普洱茶贵在“陈”，往往会随着时间逐渐升值。

普洱古茶树

一、制作工序

普洱茶有生茶和熟茶之分，生茶自然发酵，熟茶人工催熟。

（一）生茶

生茶是以符合普洱茶产地环境条件下生长的云南大叶种茶树鲜叶为原料，经杀青、揉捻、日光干燥、蒸压成型等工艺制成的茶，包括散茶及紧压茶，具体工序如下。

1. 采摘：手工采摘一芽两叶为上。

2. 萎凋：摊凉于无阳光直射且通风干燥处，置于竹编竹箆上方。时间视鲜叶含水量及当时气温和湿度而定。

3. 杀青：去除青草味，蒸发一部分水分，炒制后利于揉捻成形。

4. 揉捻：有机器揉捻及手工揉捻。让茶叶细胞壁破碎，使茶汁在冲泡时易溶于茶汤，提高浸出率，使茶叶成条。

5. 晒干：把揉捻好的茶叶放在太阳光下自然晒干，最大程度地保留茶叶中的有机质和活性物质。晒青易于保留茶叶的本质原味。

6. 蒸压：把晒干的茶叶用蒸汽蒸湿，放在不同模具里压成形。提取香味及使茶叶中果胶溢出表皮，利于压制成型和产生有别于散茶的独特香味。

7. 干燥：把含水量控制在能安全储藏的含水量以下，一般普洱茶要求含水量在 10% 以下。

生茶是新鲜的茶叶采摘后以自然的方式陈放，未经过渥堆发酵处理，因此生茶茶性较烈、较刺激。新制或陈放不久的生茶有强烈的苦味，汤色较浅或黄绿。生茶适合长久储藏，年复一年随着生普洱叶子颜色的渐渐变深，香味越来越醇厚。其品质特征为：外形色泽墨绿、香气清纯持久、滋味浓厚回甘、汤色绿黄清亮、叶底肥厚黄绿。

（二）熟茶

熟茶是以符合普洱茶产地环境条件下生长的云南大叶种晒青茶为原料，采用渥堆工艺，经后发酵（人为加水提温促进细菌繁殖，加速茶叶熟化，去除生茶苦涩以达到入口纯和、汤色红浓的独特品性）加工形成的散茶和紧压茶。以 1973 年为分界点，1973 年之前没有熟茶。

加工步骤为：生茶毛茶—湿水—反复翻堆—出堆—解块—干燥—分级—蒸压（类似生茶蒸制过程）—干燥摊凉。

渥堆发酵：将蒸湿后的茶叶按一定厚度堆积在一起，在微生物作用、湿热作用和氧化作用的共同作用下，形成普洱茶特有的风味、品质。

普洱茶

熟茶是经过渥堆发酵使茶性趋向温和。熟普具有温和的茶性，茶水丝滑柔顺、醇香、浓郁。熟普也是值得珍藏的，其香味也会随着陈化的时间而变得越来越柔顺、浓郁。其品质特征为：汤色红浓明亮，香气独特陈香，滋味醇厚回甘，叶底红褐均匀。

普洱茶茶汤

普洱茶常有甜、苦、涩、酸、水、无味等以上数种味道，这些味道可能单独存在于某一泡普洱茶中，也可能同时有多种味道并存。其中甜是普洱茶品茗者所梦寐以求的；苦和涩本来就是茶叶特有的味道，尤其老茶人多半喜欢有适当苦涩的味道；酸味和水味却是大家所不喜欢的，普洱茶应尽量避去酸味和水味；至于无味虽并不是味道，但是习惯性将淡而无味视为普洱茶的味道，也是无味之味了。

普洱茶级别的划分是以嫩度为基础的，嫩度越高的级别也越高，衡量嫩度的高低主要看三点：一是看芽头的多少，芽头多，毫显，嫩度高；二是看条索紧结、重实的程度（叶片卷紧的程度），紧结、重实的嫩度好；三是看色泽光润的程度，色泽光润的嫩度好，色泽干枯的嫩度差。以下是普洱茶的分级标准。

云南普洱茶等级划分表

等级	特征
特级	外形条索紧直较细，显毫；内质汤色红浓，陈香浓郁，滋味醇厚，叶底较褐红细嫩
一级	外形条索紧结稍嫩，较显毫；内质汤色红浓，滋味醇和，香气浓纯，叶底褐红肥嫩
三级	外形条索紧结，尚显毫；内质汤色红浓，滋味醇和，香气浓纯，叶底褐红柔软
五级	外形条索紧实，略显毫；内质汤色深红，滋味醇和，香气纯正，叶底褐红欠匀，尚柔软
七级	外形条索肥壮，紧实，色泽褐红稍灰；内质汤色深红，滋味醇和，香气纯和，叶底褐红欠匀，尚嫩
八级	外形条索肥壮，色泽褐红稍灰；内质汤色深红，滋味醇和，香气纯和，叶底褐红欠匀，尚嫩
九级	外形条索粗大尚紧实，色泽褐红稍灰；内质汤色深红，滋味醇和，香气纯和，叶底褐红欠匀，尚嫩
十级	外形条索稍松，色泽褐红稍花；内质汤色深红，滋味平和，香气平和，叶底褐红稍粗

二、鉴别方法

由于普洱“越陈越香”的特质，无论生茶、熟茶还是新茶、陈茶都是普洱茶，没有真假之分，但是陈茶价格更高。至于普洱茶的优劣，主要是通过观察普洱茶的外形、汤色、香气、口感、叶底等来进行鉴别。

1. 看外观。首先看茶叶的条形，条形是否完整，叶老或嫩，老叶较大，嫩叶较细；嗅干茶气味兼看干茶色泽和净度。优质的云南普洱散茶的干茶陈香显露（有的会含有菌子干香、中药香、干桂圆香、干霉香、樟香等），无异、杂味，色泽棕褐或褐红（猪肝色），具油润光泽，褐中泛红（俗称红熟），条索肥壮，断碎茶少；质次的则稍有陈香或只有陈气，甚至带酸馊味或其他杂味，条索细紧不完整，色泽黑褐、枯暗无光泽。

2. 看汤色。主要看汤色的深浅、明亮，优质的云南普洱散茶，泡出的茶汤红浓明亮，具“金圈”，汤上面看起来有油珠形的膜；质次的茶汤红而不浓，欠明亮，往往还会有尘埃状物质悬浮其中，有的甚至发黑、发乌，俗称“酱油汤”。

3. 闻气味。主要采取热嗅和冷嗅，热嗅看香气的纯异，冷嗅看香气的持久性。优质的热嗅陈香显著浓郁，且纯正“气感“较强，冷嗅陈香悠长，是一种甘爽的味道；质次的则有陈香，但夹杂酸馊味、铁锈水味或其他杂味，也有的是“臭霉味”。

4. 品滋味。主要是从滑口感、回甘感和润喉感来感觉。优质的滋味浓醇、滑口、润喉、回甘，舌根生津；质次的则滋味平淡，不滑口，不回甘，舌根两侧感觉不适，甚至产生“涩麻”感。

5. 看叶底。主要是看叶底色泽、叶质，看泡出来的叶底完不完整，是不是还维持柔软度。优质的色泽褐红、匀亮，花杂少，叶张完整，叶质柔软，不腐败，不硬化；质次的则色泽花杂、发乌欠亮，或叶质腐败，硬化。

第三节　四川边茶

四川边茶主要指产自雅安、邛崃、都江堰一带，输送到西藏、新疆一带供边疆人们饮用的茶叶的统称。四川边茶在不同时期有不同的名称，比如元朝时期的西番茶、明朝时期的乌茶等，到现代四川边茶又被称为“藏茶”。

四川边茶（藏茶）的最早记载出现于唐朝贞观十五年文成公主和亲吐蕃，带去雅安茶叶。由于进藏路途遥远，进藏途中茶叶在马背上经过日晒雨淋，自然发酵而成了一种特殊茶类。

四川边茶是黑茶的一个主要品种，所含茶多酚与绿茶和红茶不同。四川边茶生产历史悠久，分为南路边茶和西路边茶。清朝乾隆时代，规定雅安、天全、荥经等地所产的边茶专销康藏，称“南路边茶”。南路边茶以雅安为制造中心，产地包括雅安、荥经、天全、名山、芦山和邛崃、洪雅等市县，而以雅安、荥经、天全、名山四县市为主产地，主要销往西藏、青海和四川的甘孜、阿坝、凉山自治州，以及甘肃南部地区；灌县、崇庆、大邑等地所产边茶专销川西北松潘、理县等地，称为“西路边茶”。西路边茶以都江堰市为制造中心，销往四川的松潘、理县、茂县、汶川和甘肃的部分地区。南路边茶是压制砖茶和金尖茶的原料，西路边茶的毛茶色泽枯黄，是压制“茯砖”和“方包茶”的原料。

第四节　湖北老青茶

湖北老青茶属于黑茶类，别称青砖茶，又称“川字茶”，主要产于湖北舌耕内咸宁地区的蒲圻、咸宁、通山、崇阳、通城等县，所以也称“湖北老青茶”，不过在湖南省的临湘县也有老青茶的种植和生产。

用以压制青砖茶的老青茶分面茶与里茶两种，面茶较精细，里茶较粗放。面茶是鲜叶经杀青、初揉、初晒、复炒、复揉、渥堆、晒干而制成。里茶是鲜叶经杀青、揉捻、渥堆、晒干而制成。值得注意的是，在老青茶的制作过程中，鲜叶和揉捻叶都不能堆放过久。堆放过久，会造成“渥青”“渥坏”，成为“网筋叶”。揉好了的茶坯，遇到连阴雨，不能及时初晒，应将揉捻叶抖散堆积，压紧压实。如茶堆内发热，就及时翻动，散发热气后再堆紧。如此反复进行，直到天晴出晒。切不可将揉捻叶薄摊。因为这样做，会有利于黑霉菌的生长繁殖，使茶叶霉烂脱梗，叶面发黑，品质劣变。

老青茶一般分成三个级别，鲜叶采割标准通常按茎梗皮色划分：一级茶（洒面茶）以鲜叶茎梗为主，基部稍带些红梗和白梗，成茶条索较紧，色泽乌绿；二级茶（二面茶）鲜叶的茎梗以红梗为主，顶部稍带些青梗，成茶叶子成条，叶色乌绿微黄；三级茶（里茶）为当年生红梗新稍，不带麻梗，成茶叶面卷皱，叶色乌绿带花。

湖北老青茶有止渴、抗辐射、抗癌、防癌、助醒酒、促进消化、减肥、延缓衰老、降胆固醇等作用。湖北老青茶能增强大脑中枢神经活动的敏锐性，且能降血压、抑制动脉硬化等。

第六章

黄茶的分类

黄茶属于发酵茶类，黄茶的制作类似于绿茶，区别是多一道闷堆工序。第一章中已介绍过，人们从炒青绿茶中发现，由于杀青、揉捻后干燥不足或不及时，叶色变黄，于是产生了黄茶这一新的品种。

霍山黄芽

蒙顶黄芽

第一节 黄 芽 茶

一、君山银针

君山银针是中国“十大名茶”之一，产于湖南省洞庭湖中的君山岛上，属于黄茶类针形茶，有“金镶玉”之称。君山茶旧时曾经用过黄翎毛、白毛尖等名，后来，因为它的茶芽挺直，布满白毫，形似银针而得名“君山银针”。“金镶玉色尘心去，川迥洞庭好月来。”君山茶历史悠久，唐代就已生产、出名。

君山银针始于唐代，清朝时被列为“贡茶”。据《巴陵县志》记载：“君山产茶嫩绿似莲心。”“君山贡茶自清始，每岁贡十八斤。”“谷雨”前，知县邀山僧采制一旗一枪，白毛茸然，俗称“白毛茶”。又据《湖南省新通志》记载：“君山茶色味似龙井，叶微宽而绿过之。”古人形容此茶如“白银盘里一青螺”。

清代，君山茶分为“尖茶”“茸茶”两种。“尖茶”如茶剑，白毛茸然，纳为贡茶，素称“贡尖”。

正宗君山银针产于湖南省岳阳市洞庭湖中的君山岛上。原产地茶场仅不到四百亩，产量极少，其银针、毛尖、绿茶总产量每年不到3000千克，其中顶级银针年仅产18千克。

君山银针的采摘和制作都有严格要求，每年只能在清明前后7～10天采摘，采摘标准为春茶的首轮嫩芽。而且还规定“雨天不采、风伤不采、开口不采、发紫不采、空心不采、弯曲不采、虫伤不采”等九不采。叶片的长短、宽窄、厚薄均是以毫米计，500克银针茶，约需十万五千个茶芽。因此，就是采摘能手，一个人一天也只能采摘鲜茶200克，制作这种茶需分杀青、摊凉、初烘、复摊凉、初包、复烘、再包、焙干八道工序，历时三四天之久。

采摘君山银针

君山银针，以色、香、味、形俱佳而著称。君山银针全由芽头制成，芽头茁壮，紧实而挺直，茶身满布毫毛，色泽鲜亮；茶芽大小长短均匀，形如银针，内呈金黄色；香气高爽，汤色橙黄，滋味甘醇，虽久置而其味不变。饮用时，将君山银针放入玻璃杯内，以沸水冲泡，这时茶叶在杯中一根根垂直立起，踊跃上冲，悬空竖立，继而上下游动，然后徐徐下沉，簇立杯底。军人视之为“刀枪林立”，文人赞叹如“雨后春笋”，艺人偏说 是“金菊怒放”。君山银针茶汁杏黄，香气清鲜，叶底明亮，又被人称作“琼浆玉液”。

君山银针干茶

君山银针茶汤

成品茶按芽头肥瘦、曲直，色泽亮暗进行分级，以壮实、挺直、亮黄为上。优质茶芽头肥壮，紧实挺直，芽身金黄，满披银毫；汤色橙黄明净，香气清纯，叶底嫩黄匀亮，实为黄茶之珍品。

二、蒙顶黄芽

蒙顶黄芽为中国十大名茶，是至今还在保留闷黄工艺的顶级黄芽茶。特级蒙顶黄芽茶青采用明前全芽头制作，每市斤干茶需要 4 万～5 万个芽头，形状扁秀，芽匀整多毫，色泽嫩黄。蒙顶黄芽做工精细，采用传统炒闷结合的工艺，采用嫩芽杀青，草纸包裹置灶边上保温变黄，让茶青在湿热的环境下自然发酵，然后做型，再包黄烘干。

蒙顶茶自古为茶中珍品，白居易诗云“琴里知闻唯渌水，茶中故旧是蒙山”，民谣又称“扬子江中水，蒙山顶上茶”，可见蒙顶茶名之盛。相传蒙顶茶始于西汉末年，甘露寺普慧禅师，于蒙山中顶上清峰植茶树七株，直至雍正年间。从唐玄宗天宝元年（742年）到清末（1911年），蒙顶皇茶园所采明前茶，一直是朝廷清明祭天祀祖专用茶（此谓“正贡”茶），长达1169年，无茶出于其右，堪称世界一绝。

蒙顶黄芽产于四川省名山县蒙山，位于城西十五里，地跨名山、雅安两县，为邛崃山脉尾脊，地势北高南低。

蒙顶山

蒙山有五顶，又称五峰，中顶上清峰海拔1450米，耸插云霄。明代徐元禧有诗云：“五顶参差比，真是一朵莲。”山上寺庵罗列，名山县七十二座寺庵，有近半在蒙山。林木苍翠，清泉遍壑，绿树红字，风景优美。道旁山间，寺院周围，茶园遍布。

蒙顶黄芽的制作与绿茶有相似之处，不同点是多一道闷堆工序。这个闷堆过程，是蒙顶黄芽制法的主要特点，也是它同绿茶的基本区别。绿茶是不发酵的，而蒙顶黄芽属于发酵茶类。这道闷堆工序有时被称为“闷黄”“闷堆”，或“初包”“复包”“渥堆”。

蒙顶黄芽采摘于春分时节，当茶树上有10%左右的芽头鳞片展开，即可开园。选采肥壮的芽和一芽一叶初展的芽头。要求芽头肥壮匀齐，每500克鲜芽有0.8万～1万个芽头。采摘时严格做到“五不采”，即紫芽、病虫为害芽、露水芽、瘦芽、空心芽不采。采回的嫩芽要及时摊放，及时加工。蒙顶黄芽制造分杀青、初包、复炒、复包、三炒、堆积摊放、四炒、烘焙八道工序。由于芽叶特嫩，要求制工精细。

蒙顶山茶树

杀青：用口径50厘米左右的平锅，锅壁表面平滑光洁，采用电热或干柴供热。当锅温升到100摄氏度左右，均匀地涂上少量白蜡。待锅温达130摄氏度时，蜡烟散失后即可开始杀青。每锅投入嫩芽120～150克，历时 4 ～ 5 分钟，当叶色转暗，茶香显露，芽叶含水率减少到 55% ～ 60% 时，即可出锅。

初包：包黄是形成蒙顶黄芽品质特点的关键工序。将杀青叶迅速用草纸包好，使初包叶温保持在 55 摄氏度左右，放置 60 ～ 80 分钟，中间开包翻拌一次，促使黄变均匀。待叶温下降到 35 摄氏度左右，叶色呈微黄绿时，进行复锅二炒。

复炒：锅温 70 ～ 80 摄氏度，炒时要理直、压扁芽叶，含水率下降到 45% 左右，即可出锅。出锅叶温 50 ～ 55 摄氏度，有利于复包变黄。

复包：得炒以后，为使叶色进一步黄变，形成黄色黄汤，可按初包方法，将 50 摄氏度的炒叶进行包置，经 50 ～ 60 分钟，叶色变为黄绿色，即可复锅三炒。

三炒：操作方法与复炒相同，锅温 70 摄氏度左右，炒到茶条基本定型，含水率为 30% ～ 35% 时即可。

堆积摊放：目的是促使叶内水分均匀分布和多酚类化合物自动氧化，达到黄叶黄汤的要求。将三炒叶趁热撒在细篾簸箕上，摊放厚度 5 ～ 7 厘米，盖上草纸保温，堆积 24 ～ 36 小时，即可四炒。

蒙顶黄芽干茶

四炒：锅温 60 ～ 70 摄氏度，以整理外形，散发水分和闷气，增进香味。起锅后如发现黄变程度不足，可继续堆积，直到色变适度，即可烘焙。

烘焙：烘顶温度保持在 40 ～ 50 摄氏度，慢烘细焙，以促进色、香、味的形成。烘至含水率 5% 左右，下烘摊放，包装入库。

蒙顶黄芽外形扁直，芽条匀整，色泽嫩黄，芽毫显露，甜香浓郁，汤色黄亮透碧，滋味鲜醇回甘，叶底全芽嫩黄，为蒙山茶中的极品。

蒙顶黄芽茶汤

蒙顶黄芽叶底

第二节　黄　小　茶

黄小茶，茶叶的一种，属于黄茶系列，采摘细嫩芽叶，多以一芽一叶、一芽二叶为原料加工而成，其品质不及黄芽茶，但明显优于黄大茶。黄小茶还具备养生保健的功能，对于爱品茶的人士，黄小茶是一种享受。黄小茶较著名的品种有湖南宁乡的“沩山毛尖”、湖南岳阳的“北港毛尖”、湖北远安的“远安鹿苑”和浙江温州、平阳一带的“平阳黄汤”等。

沩山毛尖产于湖南省宁乡的大沩山，相传始于唐代，是我国古老的传统名茶之一。沩山毛尖茶于清明后7～8天开采，采摘标准为一芽一叶、一芽二叶初展。此茶在制茶时用新鲜芳香的枫果球和香黄藤作燃料，使茶叶吸收烟香味，具有特别的松烟香。沩山毛尖茶的品质特征是，外形叶缘微卷成块状，色泽黄亮油润，白毫显露，松烟香芬芳浓郁；内质汤色橙黄明亮，滋味醇甜爽口，叶底黄亮嫩匀。

北港毛尖产于湖南省岳阳北港的了昌湖一带，相传始于唐代，当年文成公主和亲嫁入西藏时带去的茶就有北港毛尖，自唐至今，北港毛尖久负盛名，也是我国的传统名茶之一。此茶在清明后5～6天开采，采摘标准为一芽二叶、一芽三叶。北港毛尖茶的品质特征是，芽壮，毫尖显露，呈金黄色；内质香气清高，汤色橙黄，滋味醇厚，叶底黄明。

鹿苑毛尖产于湖北省远安鹿苑寺，早在清乾隆年间，已被选为贡茶。相传当年乾隆皇帝饮后，封鹿苑茶为“好淫茶”，倍加赞赏。此茶在清明前后15天开采，采摘标准为一芽一叶、一芽三叶。其品质特征是，外形条索呈环状，俗称“环子脚”，白毫显露，色泽金黄，带鱼子泡，内质香郁高长，汤色黄净明亮，滋味醇厚回甘，叶底嫩黄匀整。

温州黄汤产于浙南泰顺、平阳、瑞安、永嘉等县，黄汤始于清代，以泰顺和平阳的品质最好。此茶在清明前开采，采摘标准为一芽一叶或一芽二叶初展，大小匀齐一致。其品质特征是，外形细紧纤秀，色泽黄绿多毫；内质香气清芬高锐，滋味鲜醇爽口，汤色橙黄鲜明，叶底芽叶成朵而匀齐。

第三节　黄　大　茶

黄大茶创制于明代隆庆年间，距今已有四百多年历史。其叶大、梗长、汤黄，具有浓烈的老火香（俗称锅巴香）。著名的品种有安徽的霍山黄大茶、广东的大叶青等。

其品质特征为：外形梗壮叶肥，叶片成条，梗叶相连形似钓鱼钩，梗叶金黄显褐，色泽油润，汤色深黄显褐，叶底黄中显褐，滋味浓厚醇和，具有高嫩的焦香，黄大茶产品按品质优劣分为 3 级 6 等。黄大茶要求大枝大杆，鲜叶采摘的标准为一芽四五叶。一般长度在 10 ～ 13 厘米。黄大茶大枝大叶的外形在我国诸多茶类中确实少见，已成为消费者判定黄大茶品质好坏的标准。

白茶的分类

白茶有传统白茶和新工艺白茶之分，新工艺白茶如浙江的安吉白茶、贵州的郑安白茶、天目山白茶（其制法与绿茶一样）。而传统的白茶因茶树品种、原料（鲜叶）采摘的标准不同，分芽茶（如白毫银针）和叶茶（如白牡丹、寿眉）。白茶主要品种有白牡丹、白毫银针、贡眉、寿眉等。白茶具有和普洱一样的可以存放的药理，养生功效好。常说的“一年茶、三年药、七年宝”是指传统工艺制作的白茶。

一、白毫银针

白毫银针，简称银针，又叫白毫，是一种汉族传统名茶，属白茶类。素有茶中“美女”“茶王”之美称。白毫银针由福建省的汉族茶农创制于1889年，产地位于中国福建省的福鼎市和南平市政和县。由于鲜叶原料全部是茶芽，白毫银针制成成品茶后，长3厘米许，形状似针，白毫密被，色白如银，熠熠闪光，令人赏心悦目，因此命名为白毫银针。冲泡后，香气清鲜，滋味醇和。茶在杯中冲泡，即出现白云光闪，满盏浮花乳，芽芽挺立，蔚为奇观。

白毫银针

清嘉庆初年（1796 年），福鼎用菜茶（有性群体）的壮芽为原料，创制白毫银针。约在 1857 年，福鼎大白茶品种茶树在福鼎市选育繁殖成功，于是 1885 年起改用福鼎大白茶品种茶树的壮芽为原料，菜茶因茶芽细小，已不再采用。政和县 1880 年选育繁殖政和大白茶品种茶树，1889 年开始产制银针。

白毫银针原产地

政和县也是白毫银针的主产地之一，政和县属于福建省南平市辖区，属亚热带季风湿润气候区，境内丘陵起伏，常年气候温和湿润；年均气温18.5摄氏度，年均降水量1660毫米左右；红、黄土壤，土质肥沃，实为宜茶之地。由于鹫峰山脉横贯县境东部，峰峦起伏，气候较温和，土壤较肥沃，形成了独特的高山平原二元地理气候条件，适合茶叶的生长，政和县是全国最大的白茶基地。产自福建福鼎和南平市政和县的白毫银针茶品质优良，在购买茶叶的时候需要分清白毫银针的原产地是否是福鼎市和政和县。

（一）制作工序

白毫银针的采摘十分细致，要求极其严格，规定“雨天不采，露水未干不采，细瘦芽不采，紫色芽头不采，风伤芽不采，人为损伤芽不采，虫伤芽不采，开心芽不采，空心芽不采，病态芽不采”，号称“十不采”。只采肥壮的单芽头，如果采回一芽一二叶的新梢，则只摘取芽心，俗称抽针（将一芽一二叶上的芽掐下，抽出作银针的原料，剩下的茎叶作其他花色的白茶或其他茶）。采下的茶芽，要求及时送回厂加工。

白毫银针鲜叶

白毫银针的制法特殊，工艺简单。制作过程中，不炒不揉，只分萎凋和烘焙两道工序，其中主要是萎凋和晾干，使茶芽自然缓慢地变化，形成白茶特殊的品质风格。具体制法是：采回的茶芽，薄薄地摊在竹制有孔的筛上，置微弱的阳光下萎凋、摊晒至七八成干，再移到烈日下晒至足干。也有在微弱阳光下萎凋2小时，然后在室内萎凋至八九成干，再用文火烘焙至足干。还有直接在太阳下曝晒至八九成干，再用文火烘焙至足干。在萎凋、晾干过程中，要根据茶芽的失水程度进行调节，工序虽简单，但要正确掌握不易，特别是要制出好茶，比其他茶类更为困难。

（二）品质特征

白毫银针的形、色、质、趣是名茶中绝无仅有的，实为茶中珍品，品尝泡饮，别有风味。白毫银针芽头肥壮，遍披白毫，挺直如针，色白似银。福鼎所产茶芽茸毛厚，色白富光泽，汤色浅杏黄，味清鲜爽口。政和所产，汤味醇厚，香气清芬。品选银针，寸许芽心，银光闪烁；冲泡杯中，条条挺立，如陈枪列戟；微吹饮啜，升降浮游，观赏品饮，别有情趣。

白毫银针干茶

白毫银针茶汤

（三）等级标准

白毫银针分为特级、一级、二级。一级白毫银针是指清明前的统货银针，带有少量的叶子，特级的都经人工拣过，不带小叶子。

（四）鉴别方法

白毫银针的好坏可以从以下三个方面去辨别：

1. 观。仔细观察茶叶的外形，白毫银针最为显著的特点是茶身满披白毫，茶叶表面一层密集的白色绒毛使得茶针看上去就是白色的；福鼎原产地的白毫银针是以福鼎大白茶为原料制作而成的，所以芽头很肥厚粗壮；上好的白毫银针成茶只有茶芽，干净利索，茶针根部不存在残渣和茶壳。

2. 泡。产自福鼎的正宗白毫银针十分耐泡，用 80 摄氏度左右的水可以反复冲泡十几到二十多次，到最后茶水仍有余香；真正经过萎凋工艺制成的白毫银针第一泡甚至第二泡茶汤颜色很淡，茶味也不浓，有的人形容有点像白开水，只是颜色是浅杏色的，银针只有经过几次冲泡后味道才会变浓郁。

3. 品。正宗白毫银针茶味清香，入口回甘；白茶香味自然，陈茶有浓厚的陈香味。

白毫银针叶底

二、白牡丹

白牡丹是中国福建历史名茶。采用福鼎大白茶、福鼎大毫茶为原料，经传统工艺加工而成。具有祛暑、通血管、明目、抗辐射、解毒之功效。因其绿叶夹银白色毫心，形似花朵，冲泡后绿叶托着嫩芽，宛如蓓蕾初放，故得美名白牡丹。

（一）历史沿革

福建省福鼎县盛产白牡丹茶，传说这种茶树是牡丹花变成的。在西汉时期，有位名叫毛义的太守，清廉刚正，因看不惯贪官当道，于是弃官随母去深山老林归隐。母子俩骑白马来到一座青山前，只觉得异香扑鼻，于是便向路旁一位鹤发童颜、银须垂胸的老者探问香味来自何处。老人指着莲花池畔的十八棵白牡丹说，香味就来源于它。母子俩见此处似仙境一般，便留了下来，建庙修道，护花栽茶。一天，母亲因年老加之劳累，口吐鲜血病倒了。毛义四处寻药，正在万分焦急、非常疲劳睡倒在路旁时，梦中又遇见了那位白发银须的仙翁，仙翁问清缘由后告诉他："治你母亲的病须用鲤鱼配新茶，缺一不可。”毛义醒来回到家中，母亲对他说：“刚才梦见仙翁说我须吃鲤鱼配新茶，病才能治好。”母子二人同做一梦，认为定是仙人的指点。这时正值寒冬季节，毛义到池塘里破冰捉到了鲤鱼，但冬天到哪里去采新茶呢？正在为难之时，忽听得一声巨响，那十八棵牡丹竟变成了十八棵仙茶树，树上长满嫩绿的新芽叶。毛义立即采下晒干，说也奇怪，白毛茸茸的茶叶竟像是朵朵白牡丹花，且香气扑鼻。毛义立即用新茶煮鲤鱼给母亲吃，母亲的病果然好了，她嘱咐儿子好生看管这十八棵茶树，说罢跨出门便飘然飞去，变成了掌管这一带青山的茶仙，帮助百姓种茶。后来为了纪念毛义弃官种茶，造福百姓的功绩，建起了白牡丹庙，把这一带产的名茶叫作“白牡丹”。

实际上白牡丹是1922年以前创制于福建省建阳县水吉乡，1922年政和县亦开始制作，渐成为本品的主产区。20世纪60年代初，松溪县曾一度盛产白牡丹。

（二）产地分布

白牡丹目前产区分布于政和、建阳、松溪、福鼎等县市。其原料采自政和大白茶、福鼎大白茶及水仙等优良茶树品种，选取毫芽肥壮，洁白的春茶加工而成。

（三）生长环境

白牡丹和白毫银针的产地相同，生长环境可参考白毫银针的自然环境。

（四）制作工序

制造白牡丹的原料主要为政和大白茶和福鼎大白茶良种茶树芽叶，有时采用少量水仙品种茶树芽叶供拼和之用。制成的毛茶分别称为政和大白（茶）、福鼎大白（茶）和水仙白（茶）。

福鼎大白茶芽叶

用于制造白牡丹的原料要求白毫显，芽叶肥嫩。传统采摘标准是春茶第一轮嫩梢采下一芽二叶，芽与二叶的长度基本相等，并要求“三白”，即芽及二叶满披白色茸毛。夏秋茶茶芽较瘦，不采制白牡丹。

白牡丹的制造不经炒揉，只有萎凋及焙干两道工序，但工艺不易掌握。

萎凋以室内自然萎凋的品质为佳。采下芽叶均匀薄摊于水筛上（一种竹筛），以不重叠为度，萎凋失水至七成干时两筛并为一筛，至八成半干时再两筛并为一筛，萎凋至九成半干时下筛，置烘笼中以 90 ～ 100 摄氏度温度焙干，即为毛茶。

精制工艺比较简单，用手工拣出梗、片、蜡叶、红张、暗张后低温焙干，趁热拼和装箱。烘焙火候要适当，过高香味欠鲜爽，不足则香味平淡。

白牡丹干茶

（五）品质特征

白牡丹外形毫心肥壮，叶张肥嫩，呈波纹隆起，芽叶连枝，叶缘垂卷，叶态自然，叶色灰绿，夹以银白毫心，呈“抱心形”，叶背遍布洁白茸毛，叶缘向叶背微卷，芽叶连枝。汤色杏黄或橙黄清澈，叶底浅灰，叶脉微红，香味鲜醇。白牡丹冲泡后，碧绿的叶子衬托着嫩嫩的叶芽，形状优美，好似牡丹蓓蕾初放，十分恬淡高雅。冲泡后绿叶衬嫩芽，宛如蓓蕾初绽花朵，绚丽秀美；滋味清醇微甜，毫香鲜嫩持久，汤色杏黄明亮，叶底嫩匀完整，叶脉微红，布于绿叶之中，有“红装素裹”之誉。其性清凉，有退热降火之功效，为夏季佳饮。

白牡丹茶茶汤

（六）等级标准

白牡丹可以根据外形、色泽、味道、叶底等分为高级白牡丹和一级、二级、三级白牡丹。

（七）鉴别方法

品鉴白茶，首先要看白茶的外形、色泽。白茶的加工工艺主要是萎凋和干燥，白牡丹也一样，好的白牡丹应该是自然舒展、芽叶连枝、色泽灰绿，如果白牡丹的芽叶卷曲严重，色泽暗或很红，则也是品质不好的表现。

接着要开汤审评，看茶叶的内质。好的白茶毫香显，带鲜甜的花香，滋味清鲜，回味甘甜，冲泡 5 分钟后的叶底可见叶脉微红，叶色转为黄绿色，按平时的说法就是比较熟的颜色。如果叶底还是很绿，则有可能是茶叶萎凋不足，这也是茶叶品质不好的表现。

三、贡眉

贡眉主产区在福建建阳。以小白毛茶为原料，经拣剔、烘焙、拼配而成。优质贡眉毫心显而多，色绿翠，汤色橙黄，叶底匀整、柔软、鲜亮，味醇爽，香鲜纯。

煮过的白茶

第八章

再加工茶类

所谓再加工茶类，顾名思义，就是指在六大基本茶类的基础上，采用一定的手段进行再次加工而成的茶叶。如窨花后形成花茶、蒸压后形成紧压茶、浸提萃取后制成速溶茶、加入果汁形成果味茶、加入中草药形成保健茶、把茶叶加入饮料中制成含茶饮料。因此再加工茶类也有六大类，即花茶、紧压茶、萃取茶、果味茶、药用保健茶和茶饮料。

第一节　花　　茶

花茶，又名香片，产于福建、江苏、浙江、广西、四川、安徽、湖南、江西、湖北、云南等地。早在1000多年前，就有在上等绿茶中加入一种香料——龙脑香的制法。最普通的花茶是用茉莉花制的茉莉花茶，普通花茶大多是用绿茶制作的，也有用红茶制作的。花茶主要以绿茶、红茶或者乌龙茶作为茶坯，利用茶善于吸收异味的特点，将有香味的鲜花（果实）和新茶一起闷，茶将香味吸收后再把干花筛除，这一过程叫作窨花。制成的花茶香味浓郁，茶汤色深，深得偏好重口味的中国北方人的喜爱。

花茶还具有养生疗效，是当今主流的健康饮品，女人最经典的饮品是花茶，所以古人有“上品饮茶，极品饮花”之说。而现代亦有“男人品茶，女人饮花”之词。

花茶集茶味与花香于一体，茶引花香，花增茶味，相得益彰。既保持了浓郁爽口的茶味，又有鲜灵芬芳的花香。冲泡品吸，花香袭人，甘芳满口，令人心旷神怡。花茶不但仍有茶的功效，而且花香也具有良好的药理作用，裨益人体健康，具有排出宿便、调节肠胃循环、美容护肤、美体瘦身、排毒除臭的功用，帮助瘦小腹最佳，也是饮食油腻者、应酬多的族群的首选，防止油性大便对肠道的黏连。

花茶又可细分为花草茶和花果茶。饮用叶或花的称为花草茶，如荷叶、甜菊叶。饮用其果实的称为花果茶，如无花果、柠檬、山楂、罗汉果、有花果。花茶根据其所用的香花品种不同，又分为茉莉花茶、玉兰花茶、桂花花茶、珠兰花茶等，其中以茉莉花茶产量最大。

一、 茉莉花茶

茉莉花茶，又叫茉莉香片，科名是木犀科。茉莉花茶有“在中国的花茶里，可闻春天的气味”之美誉。茉莉花茶是将茶叶和茉莉鲜花进行拼和、窨制，使茶叶吸收花香而成的，茶香与茉莉花香交互融合。“窨得茉莉无上味，列作人间第一香。”茉莉花茶使用的茶叶称茶坯，传统的茉莉花茶都是以普通绿茶为茶坯，但是现在出了一些创新花茶，以素有绿茶皇后之称的龙井茶为茶坯，和广西横县茉莉鲜花拼合窨制而成，茉莉龙井打破了茉莉花茶无高端茶的概念，是茉莉花茶中难得一见的花茶珍品。

茉莉花茶因产地不同，其制作工艺与品质也不尽相同，各具特色，其中最为著名的产地有福建福州、闽侯、福鼎，浙江金华，江苏苏州，四川雅安，安徽歙县、黄山，广西横县，重庆等地。

茉莉花茶是我国十大花茶之一，是摘自春天里盛开的茉莉花和茶叶一起搭配的花茶，既有春天花朵的香气又有茶叶的清新之气，是口感香甜的很受大家欢迎的花茶。常喝茉莉花茶对于女性来说不仅可以美容养颜、净白皮肤，还能够抵抗衰老，留住青春。它能疏通人体肠胃，可以排宿便、顺气清脑、降低血压和血脂，还具有抵抗细菌和病毒、治疗癌症的巨大作用和功效。虽然茉莉花茶功效众多，但是它也不是人人都可以饮用的，也不能过量饮用。

茉莉花茶

茉莉花茶属于比较凉性的花茶饮料，有些本身体质就不好的人就不能经常饮用。肠胃堵塞的人不应经常喝茉莉花茶，因为茉莉花中还有一些物质能够破坏胃黏膜的顺畅。神经不好或者压力大，经常失眠的人不要经常饮用茉莉花茶，尤其是在晚上入睡前不要饮用茉莉花茶，因为茉莉花茶中含有咖啡因能够使人比较精神，使得大脑处于兴奋状态而更加不能够入睡了。体虚贫血的人不要经常喝茉莉花茶，因为花茶中有一些元素含量高的话能够减少人体对铁的吸收。重疾病患者不适宜喝茉莉花茶，因为它造成身体发虚发凉，不利于病症的治疗。老人和孩童不宜经常喝茉莉花茶，白领可以平时适量饮用茉莉花茶。

二、玉兰花茶

玉兰花茶，采用优质五指山春绿茶与优质白玉兰鲜花为原料，精心调制而成，香韵独特，滋味醇厚、回甘，是健康养生的茶饮料。

玉兰花，又名玉兰、木兰、应春花、望春花，属木兰科植物，原产于长江流域，早在春秋时期伟大诗人屈原的《离骚》中就有“朝饮木兰之坠露兮，夕餐秋菊之落英”的佳句，以示其高洁的人格，到唐代已在庭园广为栽培。

玉兰花采收以傍晚时分最宜，用剪刀将成花一朵朵剪下，刚自树上摘下的花卉，浸泡在 8 ～ 10 摄氏度的冷水中一两分钟后，将水沥干，经严格的气流式窨制工艺，即分拆枝（打花边）、摊花、晾制、窨花（拌和）、通花、续窨复火、匀堆装箱等工序，再经照射灭菌制成花茶。

玉兰花不仅花大、艳美，花姿婀娜，气味幽香，观赏价值高，病虫害少，而且其花蕾名辛夷，历来是中医治鼻病的主药。

鲜花入珍馐唇齿留香，玉兰花不仅可以泡茶，还可以煮粥、配菜、酿制糕点等，均有疏通肺窍、化痰止咳、通脉明目的作用。

三、桂花花茶

桂花花茶，选用清香的优质绿茶和优质金桂花，通过窨花拌和等一系列工序精心窨制而成。形似绿叶缀金花，汤色金黄明亮，滋味鲜醇甘爽，茶香花香并茂，清雅持久，加入少许蜂蜜，味更甜美，是具排毒功能的美颜茶。

桂花花茶的采制：采用的鲜花桂花，一般用糖渍或盐渍保存，如将鲜桂花直接晒干或烘干，由于香精油损失太多，几乎成了没有香气的花渣。被渍过的桂花，添加使用的范围很广，如桂花酸梅汤、桂花莲子羹、桂花藕粉等，都离不开桂花。

桂花花茶的功效：桂花花茶具有温补阳气之功效。主治阳气虚弱型高血压病、症见眩晕、头晕、腰痛、畏寒肢冷、大便溏、小便清长、舌质淡、苔白、脉沉细。

四、珠兰花茶

珠兰花茶，中国主要花茶品种之一。珠兰花茶是以烘青绿茶和珠兰或米兰鲜花为原料窨制而成。因其香气芬芳幽雅，持久耐贮而深受消费者青睐。其主要产地在安徽歙县，其次在福建漳州、广东广州、浙江、江苏、四川等地。其中尤以歙县珠兰花茶为佳。品质特征是清芬逊于茉莉花茶，而香烈持久则胜于茉莉花茶。这种茶经较长时间的贮存或数次冲泡，其花香仍芬烈隽永。

珠兰花茶的历史十分悠久，早在明代时就有出产，据《歙县志》记载："清道光，琳村肖氏在闽为官，返里后始栽珠兰，初为观赏，后以窨花。"清《花镜》载："真珠兰……好清者，每取其蕊，以焙茶叶甚妙。"珠兰的花期自4月上旬至7月。鲜花要求当日采摘，采摘标准为花粒成熟、肥大，色泽鲜润、绿黄或金黄的花朵。珠兰花一般于午后开放，如果适时进行窨茶，可以充分吸收花香，达到最佳的品质，所以珠兰花茶都在午后开始窨制。

其窨制工艺分两个阶段：一为制茶坯；二为窨花，又称“熏花”。花茶的档次以制坯原料品质高低而异，用毛峰、大方毛茶制坯窨制的花茶属高档名茶；用烘青原料窨制的为大宗花茶。制作茶坯是将毛峰、大方、烘青等毛茶原料，分级分批通过筛分制坯工艺，按标准样精制成各级素茶坯，称精制素茶。窨花工艺，是将精制素茶窨以新鲜珠兰鲜花，使原料茶吸收花香，经一次或多次窨花之后，便制成商品珠兰花茶。

珠兰花茶外形条索扁平，光滑匀整，挺直尖削，白毫显露，色泽深绿油润；内质汤色清澈黄亮，花香清鲜馥郁悠长，滋味浓醇甘爽，叶底嫩匀肥壮。一杯在手，实为一种高尚的精神享受，尤为女士所喜爱。

珠兰花茶

第二节 紧 压 茶

紧压茶，是以黑毛茶、老青茶、做庄茶及其他适合毛茶为原料，经过渥堆、蒸、压等典型工艺过程加工而成的砖形或其他形状的茶叶。紧压茶的多数品种比较粗老，干茶色泽黑褐，汤色橙黄或橙红。其在少数民族地区非常流行。紧压茶有防潮性能好，便于运输和储藏，茶味醇厚，适合减肥等特点。

紧压茶喝时需用水煮，时间较长，因此茶汤中鞣酸含量高，非常有利消化，但也促使人产生饥饿感，所以喝时一般要加入有营养的物质。蒙古人习惯加奶，叫奶茶；藏族人习惯加酥油，叫酥油茶。

紧压茶，根据堆积、做色方式不同，分为“湿坯堆积做色”“干坯堆积做色”“成茶堆积做色”等亚类。我国紧压茶产区比较集中，主要有湖南、湖北、四川、云南、贵州等省。其中茯砖茶、黑砖茶、花砖茶主产于湖南，青花砖主产于湖北，康砖、金尖主产于四川、贵州，普洱紧压茶主产于云南，沱茶主产于云南、重庆。

紧压茶主要品种有：饼茶、方包茶、茯砖茶、固形茶、黑砖茶、花砖茶、圆茶、竹筒香茶等。

普洱紧压茶

茯砖茶

第三节　萃　取　茶

萃取茶是以成品茶或半成品茶为原料，用热水萃取茶叶中的可溶物，过滤去茶渣取得的茶汁，有的经浓缩、干燥，制备成固态或液态茶，统称为萃取茶。

萃取茶根据其加工的方法不同而分为浓缩茶、速溶茶、罐装饮料茶及茶膏。

浓缩茶是用成品茶加一定量热水提取过滤出茶汤，再进行减压浓缩或反渗透膜浓缩，到一定浓度后装罐灭菌而制成；直接饮用时只需加水稀释，其浓度约为2%，也可作罐装饮料茶的原汁。

速溶茶（又称可溶茶），是以成品茶、半成品茶、茶叶副产品或鲜叶为原料，通过提取、过滤、浓缩、干燥等工艺过程，在其浓缩后加入环糊精，并充入二氧化碳气体，进行喷雾干燥或冷冻干燥后就成了粉末状或颗粒状的速溶茶。其具有冲饮携带方便、不含农药残留等优点；速溶茶的主要品种有速溶绿茶、速溶保健茶、速溶红茶，还有未经干燥的浓缩茶汁，如乌龙茶浓缩汁等。

罐装饮料茶是用成品茶加一定量热水提取过滤出茶汤，再加一定量的抗氧化剂（维生素C等），不加糖、香料，然后装罐、封口、灭菌而制成，其茶浓度约为2%，开罐即可饮用。

茶膏是将云南特有的乔木大叶种茶叶经过加工与发酵后，通过特殊的方式将茶叶中的纤维物质与茶汁分离，将获得的茶汁进行再加工，还原成更高一级的固态速溶茶。

茶膏

第四节 果 味 茶

果味茶，顾名思义就是有果味的茶，现在市场上的果味茶有含茶果味茶、不含茶果味茶和花果茶。果味茶喝起来有种清新自然的感觉。果味茶是由新鲜的水果烘干而成的，保有水果的甜蜜风味，口感酸中带甜。果味茶可以根据自己的口味自由搭配，喜欢酸味的，可以多加一些柠檬，喜欢甜味的可以多加一些苹果等，同时也可以在茶中加入白砂糖、蜂蜜等作料。

含茶的果味茶，是利用红茶、绿茶提取液和果汁为主要原料，再加糖和天然香料经科学方法调制而成的一种新型口味饮料。这类茶既有茶味，又有果味香，风味独特。其滋味酸甜可口，回味甘凉，是一种提神解渴，老少皆宜的饮料。如荔枝红茶、柠檬红茶、猕猴桃茶、鲜橘汁茶、椰子茶、山楂茶等。

不含茶的果味茶，是指以果汁为主要原料而其中并不含茶叶成分却冠以“茶”名称的饮料，如冬瓜茶等。

酸甜美味的水果，加上漫柔多情的花草，共同烘干就成了喝起来温馨香甜的花果茶。绯红酸甜的花果茶，多了水果的甜蜜风味，就形成了与花草茶淡雅别致截然不同的情调。如红枣花茶（大枣、枸杞和菊花茶）、苹果绿茶（苹果、茶叶和蜂蜜）、梨茶（雪梨、冰糖和茶叶）、橘茶（橘肉、橘皮、茶叶和白糖）、葡萄红茶、罗汉果茶（罗汉果、茶叶和柠檬）等。红莓果、蓝莓果、玫瑰和紫罗兰是花果茶的常客，而苹果和柠檬往往就独树一帜成单品的果味茶，当然搭配的花果不同，滋味、色泽也就大相径庭。

菊花茶

枸杞茶

第五节　药用保健茶

药用保健茶是以茶为主，配有适量中药，既有茶味，又有轻微药味，并有保健治疗作用的饮料。

保健茶最开始是在西方流行起来的。中国保健茶是以绿茶、红茶或乌龙茶为主要原料，配以有一定疗效的单味或复方中药制成；也有用中药煎汁喷在茶叶上干燥而成；或者药液、茶液浓缩、干燥而成。中国保健茶有降低血脂、胆固醇的功效，对肥胖病、糖尿病、高血压、冠心病等患者，是一种辅助的保健饮料，多用袋包装，也有罐装或盒装。

药用保健茶的种类繁多。我们平常所见的夏桑菊、减肥茶等都属于药用保健茶。菊花、枸杞、金银花、红花、甘草、山楂、陈皮等既可以作为中药使用，又能作为茶单独泡饮。枸杞茶能滋肾、养肝、润肺、明目、强壮筋骨、改善疲劳；菊花有清肝明目的作用，对眼睛劳损、头痛、高血压等均有一定作用；玫瑰花能凉血、养颜、减肥、治口臭，有改善干燥皮肤的作用；金银花茶清热解毒、疏利咽喉，可治疗病毒性感冒、急慢性扁桃体炎、牙周炎等病。

中药保健茶

第六节 茶 饮 料

我国软饮料的分类按照国家标准和茶饮料轻工行业标准的规定。茶饮料是指以茶叶的水提取液或其浓缩液、速溶茶粉为原料，经加工制成的，保持原茶类应有风味的饮料，含有天然茶多酚、咖啡因等茶叶有效成分。

茶饮料按其原辅料不同分为茶汤饮料和调味茶饮料。茶汤饮料又分为浓茶型和淡茶型。调味茶饮料还可分为果味茶饮料、果汁茶饮料、碳酸茶饮料、奶味茶饮料及其他茶饮料；按原料茶叶的类型又可分为红茶饮料、乌龙茶饮料、绿茶饮料和花茶饮料。果味茶饮料是指在茶汤中加入水、食用香精、糖液、酸味剂等调制而成的制品；果汁茶饮料是指在茶汤中加入水、原果汁（或浓缩果汁）、糖液、酸味剂等调制而成的制品，成品中原果汁含量不低于5%；碳酸茶饮料是指在茶汤中加入水、糖液等经调味后充入二氧化碳的制品；奶味茶饮料是指在茶汤中加入水、鲜乳或乳制品、糖液等调制而成的茶饮料；其他茶饮料是指在茶汤中加入植（谷）物抽提液、糖液、酸味剂等调制而成的制品。

茶饮料仅仅是饮料的一种，在其工业化生产过程中，茶叶的主要营养成分茶多酚、维生素含量都会大大降低，饮品中加入精制白糖、香精、山梨酸等添加剂加工而成，对人体益处较小。此外，由于茶饮料成分达不到茶水效果，所以不能完全体现茶的降低人体血液黏稠度、防止血栓形成、消除疲劳、增强记忆力和免疫力等功能。一定要喝的话，最好挑茶多酚含量最高、含糖量最低、其他配料添加较少的茶饮料，但不宜过量饮用，仅可作调节口味之用。

再加工茶分类表

花茶	茉莉花茶、玉兰花茶、桂花花茶、珠兰花茶
紧压茶	饼茶、方包茶、茯砖茶、固形茶、黑砖茶、圆茶
萃取茶	浓缩茶、速溶茶、罐装饮料茶、茶膏
果味茶	荔枝红茶、柠檬红茶、猕猴桃茶、鲜橘汁茶、山楂茶
药用保健茶	夏桑菊、减肥茶、枸杞茶、杜仲茶
茶饮料	茶可乐、茶汽水、凉茶

参考文献

[1] 程启坤，姚国坤，张莉颖．唯茶是道（茶及茶文化又二十一讲）．上海：上海文化出版社，2013.

[2] 陈椽．茶业通史．北京：中国农业出版社，1984.

[3] 陈宗懋．中国茶经．上海：上海文化出版社，1992.

[4] 吴建丽，汉竹．图说茶道茶艺一本通．北京：中国轻工业出版社，2012.

[5] 李昊，尚论聪．中国茶文化．北京：外文出版社，2011.

[6] 刘晓芬．千年茶文化．北京：清华大学出版社，2013.

[7] 王东明．宋元明清时代中国茶文化发展过程的研究．黄冈职业学院学报，2009（3）.

[8] 吴觉农．茶经述评．北京：中国农业出版社，1988.

[9] 王玲．中国茶文化．北京：中国书店出版社，1992.

[10] 庄晚芳．中国茶史散论．北京：科学出版社，1988.